Band 96

OUTDOORHANDBUCH

Lydia Marhoff & Frank Meyer-Fembach

Polen: Czarna Hancza - Biebrza Kanurouten

DER WEG IST DAS ZIEL

Autoren und Verlag sind für Lesertips,
Verbesserungsvorschläge und Ergänzungen
(besonders als E-Mail oder auf Diskette)
unter Angabe der Auflagen- und Seitennummer dankbar.

Leser, deren Einsendung verwertet wird,
werden in der nächsten Ausgabe genannt
und erhalten als Dank ein Exemplar der neuen Auflage
oder ein anderes Buch ihrer Wahl aus dem Programm des Verlags.

OutdoorHandbuch aus der Reihe Der Weg ist das Ziel, Band 96

POLEN: CZARNA HANCZA - BIEBRZA KANUROUTEN

ISBN 3-89392-196-6, 1. Auflage 2000

Outdoor® ist eine eingetragene Marke für Bücher des Conrad Stein Verlags

Dieses OutdoorHandbuch wurde konzipiert und redaktionell erstellt vom
Conrad Stein Verlag, In der Mühle, 25821 Struckum
☎ 04671/931314, FAX 04671/931315
e-mail <outdoor@tng.de> internet <http://outdoor.tng.de>

Auslieferung für den Buchhandel:
(D) Prolit, Fernwald und alle Barsortimente
(CH) AVA-buch 2000, Affoltern und Schweizer Buchzentrum
(A) Freytag & Berndt, Wien

Text und Fotos: Lydia Marhoff & Frank Meyer-Fembach, Conrad Stein
Titelfoto: Conrad Stein
Karten und Pläne: Heide Schwinn und Wim Wilcke
Lektorat: Conrad Stein & Marie-Luise Tolkmit
Gesamtherstellung: Breklumer Druckerei, 25821 Breklum

Von den selben Autoren ist im Conrad Stein Verlag das OutdoorHandbuch POLEN: DRAWA-KANUTOUR erschienen.

Dieses OutdoorHandbuch hat 122 Seiten mit 14 farbigen und 6 s/w Abbildungen sowie 9 Kartenskizzen. Es wurde auf chlorfrei gebleichtem Papier gedruckt und der größeren Strapazierfähigkeit wegen fadengeheftet.

00198009800

Inhalt

Symbole

☺	Tip
✆	Vorwahl
✋	Achtung
ℹ	Information
✉	Postleitzahl
🛶	Kanuvermietung, PTTK
🎣	Angeltip, Anglerinformation
🚪	geöffnet...
🗼	Aussichtsturm
🚆	Bahnverbindung
📯	Post
⛺	Biwakplatz
📖	Buch- und Kartentip
⚖	Laden, Markt
🚌	Busverbindung
⛺	Campingplatz
☎	Telefon
FAX	Fax
✉	e-mail
💻	internet
✕	Restaurant
🍷	Bar, Kiosk, Imbiß
🛏	Hotel, Pension
🛶	Kanuumtragestelle, Portage
⌘	Museum
Ⓐ-Ⓛ	Kartenanschluß

Über die Autoren

Lydia Marhoff und Frank Meyer-Fembach bereisen seit ihrer Jugend ganz Europa, Nordafrika, den Nahen Osten, Lateinamerika und Asien. Sie interessieren sich für die Kultur und Geschichte der Regionen, beobachten Vögel, sammeln allerlei Eßbares und angeln leckere Fische. Seit vielen Jahren erkunden sie in Polen die Paddelflüsse im nördlichen Teil des Landes.

Die Czarna Hancza ist einer der berühmtesten Paddelflüsse Polens. Jedes Jahr zieht er Fans aus ganz Europa an, die eine Fahrt auf dem idyllischen Fluß durch das größte Waldgebiet Polens genießen wollen. Das klare, saubere Wasser mit sandigem Grund und vielen Wasserpflanzen lädt zum Baden und Verweilen ein, viele Biwakplätze und gute Einkaufsmöglichkeiten machen die Paddeltour zu einem problemlosen Vergnügen.

Dies scheint sich auf die Laune der Paddler auszuwirken, und so *"herrscht eine gute Stimmung am Fluß"*, wie ein unbekannter Berliner Czarna-Hancza-Liebhaber ganz richtig feststellte. Die Kanuten gehen hier ohne Wettkampfstimmung um die letzte Zeltstelle oder den einzigen Bootswagen freundlich miteinander um. Die Czarna Hancza steht hierbei in Konkurrenz zum berühmtesten Paddelfluß Westpolens, der Drawa.

📖 OutdoorHandbuch "Polen: Drawa-Kanutour" der selben Verfasser.

Die nach der Paddeltour des jetzigen Papstes auch als "Kardinal-Karol-Wojtyla-Weg" bezeichnete Drawa ist jedoch eine deutlich schwierigere Strecke. Aber Vorsicht: auch an der Czarna Hancza war der Papst umtriebig. Bei seinem Polenbesuch 1999 verbrachte er seine privaten Tage im Kloster Wigry am Jez. Wigry, dessen Renovierung eigens zu diesem Zweck abgeschlossen wurde.

Man erzählt, daß der Papst auch hier gerne Wassersport betreiben wollte, aber von seinen Ärzten wegen seiner schwachen Gesundheit zurückgehalten wurde. Damit er trotzdem in den Genuß einer Bootsfahrt kommen konnte, wurde eigens ein Ausflugsschiff der Weißen Flotte über Land von Augustów nach Wigry transportiert, auf dem er dann eine Seerundfahrt machte. Seither können Gläubige und Ungläubige auf diesem Schiff eine Papst-Johannes-Paul-Tour machen. Ob man dabei eine göttliche Eingebung erhält, wissen wir nicht, zumindest ist die Czarna Hancza seitdem auch Anziehungspunkt für katholische Paddelgruppen.

Einen ganz anderen Charakter hat der Fluß Biebrza, den der Anfang des 19. Jh. erbaute Kanal Augustowski mit der Czarna Hancza verbindet. Die Biebrza hat durch ihre jährlichen Überschwemmungen einen in Europa einmaligen Naturraum geschaffen, der heute der größte Nationalpark Polens ist. Die noch weitgehend unberührte Flußlandschaft bildet einen einzigartigen Lebensraum für seltene Tierarten und läßt nicht nur das Herz von Ornithologen höher schlagen.

Dies und die behutsame Etablierung eines sanften Öko-Tourismus wird dazu beitragen, daß der vom WWF unterstützte Nationalpark demnächst in die Unesco-Liste der Weltbiosphärenreservate eingetragen werden wird, und sich so zu dem berühmten Überschwemmungsgebiet "Pantanal" in Brasilien gesellt.

Reise-Infos
von A bis Z

Angeln

Um angeln zu dürfen, muß man beim polnischen Angelverband bzw. bei den Nationalparkverwaltungen eine Angelgenehmigung (pozwolnie na sportowy polów ryb) für die jeweiligen Gewässerabschnitte erwerben. Man muß dazu einen deutschen Jahresfischereischein (oder eine ähnliche Bescheinigung eines anderen Landes) vorweisen können.

Büros des polnischen Angelverbandes *Polski Zwiazek Wedkarski PZW* bzw. Angelgeschäfte, die Angelgenehmigungen erteilen, finden Sie für die Czarna Hancza in Suwalki, für den Kanal Augustowski in Augustów und für die Narew in Wizna. Es ist üblich, daß der PZW eine extra Gebühr für Ausländer erhebt, was das Angeln in Polen erheblich verteuert.

Der Wigry-Nationalpark verkauft in seinem Büro in Krzywe eigene Genehmigungen für den Jez. Wigry und der Biebrza-Nationalpark in seinem Büro in Osowiec Genehmigungen für die Biebrza (auch beim PZW erhältlich). Die Fangbestimmungen, Mindestmaße und Schonzeiten an den PZW-Gewässern sind ähnlich denen Deutschlands, beachten Sie bitte die Aushänge des Angelverbandes. Grundsätzlich geschützt sind Lachs, Stichling, Gründling, Mühlkoppe und Elritzen. Die Verwendung von lebenden Köderfischen ist verboten!

An der Forellenstrecke der Czarna Hancza gelten andere Bedingungen, informieren Sie sich beim PZW wenn Sie gezielt auf Forellen angeln wollen.

Das Reglement in den Nationalparks ist wesentlich strenger, ☞ Tourenplanung, Verhalten im Nationalpark.

📖 Angeln, Harald Barth, OutdoorHandbuch Bd. 21, Conrad Stein Verlag, DM 14,80.

Anreise

🚗 **Autofahrer** benötigen den Führerschein, Fahrzeugschein und die Internationale Grüne Versicherungskarte, Wohnwagenanhänger benötigen eine zusätzliche Versicherungskarte. Notfalls kann man an der Grenze für die Dauer des Aufenthaltes eine allerdings teure Haftpflichtversicherung abschließen.

- Ein Nationalitätskennzeichen, z.B. (D) (A) (CH), ist vorgeschrieben.
- Als Grenzübergang empfehlen sich die Autobahnübergänge **Frankfurt/Oder-Swiecko** an der A 12 oder **Pomellen-Kolbaskowo** an der A 11. Über Wartezeiten an der Grenze informieren verschiedene Radiosender und der ADAC.

▶ Die Straßen in Polen sind in der Regel gut, das Verkehrsaufkommen ist geringer als in Deutschland. Auf kleineren Landstraßen sollte man beachten, daß relativ viele Fußgänger, Radfahrer, Landwirtschaftsfahrzeuge, Pferdefuhrwerke und Tiere unterwegs sind.

▶ Da die polnische Polizei zwar auf den Hauptverkehrsstraßen und in Städten präsent ist, jedoch auf den kleineren Straßen fast nie zu sehen ist, sind vor allem ab nachmittags und an den Wochenenden nicht alle Verkehrsteilnehmer nüchtern! Man beachte, daß Polen mit tödlichen Verkehrsunfällen an der Spitze Europas liegt!

▶ An den Fernverkehrsstraßen sollte man wissen, daß die Polen den Mehrzweckstreifen als Ausweichstreifen benutzen und auch bei Gegenverkehr überholen.

▶ Hauptverkehrsstraßen haben mittlerweile ein dichtes Netz von Tankstellen. An den Ausfallstraßen der kleineren Städte befinden sich in der Regel ausgeschilderte Tankstellen, die montags bis freitags 6:00 bis 22:00 und an Wochenenden 7:00 bis 17:00 geöffnet sind - in größeren Städten und an Fernverkehrsstraßen sogar rund um die Uhr. Kreditkarten werden nicht immer genommen.

▶ Benzin ist billiger als in Deutschland, es gibt: Verbleit Normal (94 Oktan), Bleifrei Super (95 Oktan), Bleifrei Super Plus (98 Oktan), Verbleit Super (98 Oktan), Diesel, Autogas. Bleifreies Benzin ist durch ein durchgestrichenes Pb gekennzeichnet.

Die polnische Staatsbahn PKP hat ein gut ausgebautes Streckennetz und ist vor allem im Vergleich zur Deutschen Bahn verblüffend billig.

▶ Im Sommer gibt es einen durchgehenden Kurswagen von Berlin über Posnan (Posen), Warszawa (Warschau) nach Elk (Lyck), dort umsteigen nach Augustów oder Suwalki. Allerdings liegen die Bahnhöfe gerade in den kleineren Orten oft weit außerhalb.

Diplomatische Vertretungen

◆ Ambasada Republiki Federalnej Niemiec, ul. Dabrowiecka 30, 03-932 Warszawa, ☎ 022 - 6 17 30 11, FAX 6 17 35 82.

◆ Österreische Botschaft, ul. Gagarina 34, 00-748 Warszawa, ☎ 022/4140447, FAX 410085.

◆ Schweizer Botschaft, Aleje Ujazdowskie 27, 00-540 Warszawa, ☎ 022/6280481, FAX 6210548.

(D) Polnische Botschaft, Leyboldstr. 74, 50968 Köln, ☎ 0221/937300, FAX 382535.

(A) Polnische Botschaft, Hietzinger Hauptstraße 42c, 1130 Wien, ☏ 0222/827444, FAX 827244-222.

(CH) Polnische Botschaft, Elfenstr. 20a, 3006 Bern, ☏ 031/350452, FAX 3523416.

Einkaufen

- Mittlerweile gibt es in Polen praktisch alles, was es in Deutschland, der Schweiz und Österreich auch gibt. Dinge des täglichen Bedarf kosten 25-50% weniger als in Deutschland. Importe aus dem westlichen Ausland haben westliche Preise oder sind teurer.
- Vom Einkauf in den sogenannten Basaren gleich hinter der Grenze ist abzuraten: Zugeschnitten auf einen reinen Einkaufstourismus ist hier eine eigene Welt entstanden: Bezahlt wird in DM, die Preise liegen zwischen den regulären Preisen in Polen und denen in Deutschland, die Auswahl ist eher kleiner als in polnischen Kleinstädten, die Sie sowieso durchfahren werden.
- Lebensmittelgeschäfte sind werktags von 6:00-19:00 geöffnet; andere Geschäfte und Dienstleister von 11:00-19:00; Warenhäuser von 9:00-20:00, samstags bis 13:00. Im Sommer haben viele Geschäfte länger als normal geöffnet.
- In allen Städtchen gibt es Spätkaufläden und auch sonntags geöffnete Geschäfte. Für den Einkauf auf dem Lande braucht man manchmal etwas Geduld, da die Läden auch die Kommunikationszentren der Ortschaften sind, wo man sich gerne bei einem Bier unterhält.

Einreise

Deutsche benötigen für die Einreise einen Reisepaß, der noch mindestens 6 Monate gültig ist. Theoretisch kann man mit einem noch mindestens sechs Monate gültigen Personalausweis gegen eine Gebühr und etwas Wartezeit Einreisepapiere an der Grenze bekommen. Bei Bewohnern grenznaher Gebiete (z.B. Berlin/Brandenburg) wird der Personalausweis als Einreisedokument akzeptiert.

Elektrizität

Die Netzspannung beträgt 220 Volt. Eurostecker passen fast immer, alle anderen Stecker brauchen einen Adapter.

Essen und Trinken

Die polnische Küche ist bodenständig und fleischreich. In den teureren Hotels ist das Essen immer gut. Getrunken wird viel Bier und Wodka, von beiden Getränken gibt es zahllose lokal hergestellte Marken. Wodka wird gerne zu Tee getrunken oder mit Limonaden gemischt.

Eine Spezialität ist der zuckersüße Beerenwein, meist aus Kirschen (chery) hergestellt, ansonsten ist das Land für Weinliebhaber nicht zu empfehlen. Kaffee ist dunkler als bei uns geröstet und wird oft ungefiltert serviert (kawa naturalne).

Feiertage, Feste, Ferien

Neujahr
Ostern
1. Mai - Tag der Arbeit
3. Mai - Tag der Verfassung
Pfingsten
Fronleichnam
15. August - Mariä Himmelfahrt
1. November - Allerheiligen
11. November - Unabhängigkeitstag
25. und 26. Dezember - Weihnachten
Weihnachtsferien sind über Weihnachten und Neujahr, Winterferien in den ersten beiden Februarwochen, Osterferien während der Woche nach Ostermontag, Sommerferien von Mitte Juni bis Ende August.

Geld

- Zahlungsmittel ist der Zloty (PZL) = 100 Groszy. Es gibt Münzen mit dem Wert von 1, 2, 5 Zloty und Banknoten von 10, 20, 50, 100, 200 Zloty. Achtung! Kleine Geschäfte können oft keine Geldscheine wechseln, die größer als 50 PZL sind!
- Wechselkurs Frühjahr 2000: 1 PZL = 0,48 DM; 1 DM = 2,08 PZL.
- Ein- und Ausfuhr von Zloty sind verboten. Umtauschen kann man in Banken, Postämtern, und Wechselstuben (Kantor). Diese befinden sich in Hotels, Privatgeschäften und Warenhäusern (Dom Handlowy), da nicht nur Touristen wechseln, sondern auch die Polen, die Geldsendungen aus Westeuropa oder den USA bekommen.

- Der Kurs ist in den Banken und Kantors annähernd gleich, Hotels und Postämter bieten aber meist einen schlechteren Kurs. Umtauschquittungen müssen bis zur Ausreise aufgehoben werden.
- Banken haben in der Regel montags bis freitags 8:00 bis 17:00 und samstags bis 13:00 geöffnet. Die Öffnungszeiten der Wechselstuben sind meist wesentlich länger, teilweise bis 22:00.
- Euroschecks müssen in Zloty bis zu einem Höchstbetrag von 500 Zloty ausgestellt und zusammen mit der ec-Karte vorgelegt werden. Ebenso wie Reiseschecks werden sie von den meisten Banken eingelöst.
- Bei Banken in größeren Städten kann man auch mit ec-Karte Zloty am Geldautomaten abheben.
- Kreditkarten werden in vielen Hotels und größeren Geschäften sowie bei Autovermietungen akzeptiert (man achte auf die Logos an der Tür), aber nicht von allen Tankstellen.

Gesundheit

- Notruf und Unfallrettung: ☎ 999.
- Krankenhäuser sind in Ortschaften ausgeschildert. Außerdem gibt es Facharztpraxen. Erste Hilfe ist kostenlos.
- Eine private Urlaubskrankenversicherung wird dringend empfohlen, weil kein Krankenversicherungsabkommen mit Polen besteht.

Haustiere

- Hund und Katze müssen mindestens drei Wochen vor der Einreise gegen Tollwut geimpft worden sein. Die Impfung ist ein Jahr gültig.
- Der Impfpaß muß eine amtstierärztliche Gesundheitsbescheinigung enthalten. Diese kann bei der Wiedereinreise nach Deutschland zur Identifizierung des Tieres von deutschen Zöllnern verlangt werden.

Information

In Augustów und Suwalki gibt es Tourismusinformationen **it**, die Landkarten, Prospekte, Stadtpläne vor allem auf polnisch, selten auf deutsch verkaufen. Auch die PTTK-Büros verkaufen Karten und Wasserwanderführer.

- Polnisches Fremdenverkehrsamt, Marburger Str. 1, 10789 Berlin, ☏ 030/2100920, FAX 21009214, Mo bis Fr 9:00 bis 13:00 + 14:00 bis 16:00, http://www.polen-info.de
- Polnisches Fremdenverkehrsamt, Maria-Hilf-Str. 32-34, 1060 Wien, ☏ 01/52471910, 524719120, <polska@netway.at>

☺ Buchhandlungen (*ksiegarnia*) sind manchmal sogar besser bestückt.

Kanuverleih

Man kann an verschiedenen Stellen wesentlich günstiger als in Deutschland Kajaks ausleihen - an der Czana Hancza beispielsweise incl. Transport höchstens DM 200/14 Tage). Es empfiehlt sich, schriftlich oder per Fax (wenn nicht auf polnisch, dann auf deutsch und englisch) vorzubestellen (eine Übersicht finden Sie im Kapitel ☞ Tourenplanung).

Klima

Die Region liegt am Rande der kontinentalen Klimazone. Westliche Winde herrschen normalerweise vor, es können sich aber auch längere Kontinentalwetterlagen bilden, die zu trockenen, heißen Sommern mit einem sonnigen Herbst führen, andererseits aber bitterkalte Winter mit sich bringen.

Ab Anfang September ist in klaren Nächten mit Bodenfrost zu rechnen. Insgesamt ist es im Jahresmittel trockener als in den meisten Regionen Deutschlands.

Bedenken Sie, daß es im Sumpfgebiet der Biebrza sehr feucht ist und es auch im Hochsommer neblig und damit kalt werden kann.

Literatur und Karten

▶ Kanu- und Radwanderbücher über das benachbarte Masuren sind im Conrad Stein Verlag erschienen.

- Stein, Conrad: Kanutouren in Masuren, OutdoorHandbuch Band 38, Der Weg ist das Ziel, Conrad Stein Verlag, 146 S., 26 Abb., 27 Karten. Fünf Kanurouten mit Abstechern auf der Krutinna und den Masurischen Seen.
- Schäffer, Norbert: Narew und Biebrza - Leben am europäischen Amazonas, Überlingen, 1996.

- Peter H. Ostendorf: Radtouren in Masuren, OutdoorHandbuch Band 32, Der Weg ist das Ziel, Conrad Stein Verlag, 151 S., 10 Abb., 5 Karten. Mehrere Radtouren um die Masurischen Seen, ins östliche Masuren und von Olsztyn nach Augustow.

▶ Eine polnische Karte für die gesamte Region im Maßstab 1:300.000 ist in polnischen und deutschen Buchhandlungen erhältlich - oder kann bestellt werden.

- Mapa Krajoznawcza 4: Mazury Wschodnie, Podlasie, Mazowsze Wschodnie.

▶ Detailliertere Karten sind in Touristeninformationsbüros, regionalen Buchhandlungen und in den Büros der Nationalparks erhältlich.

- Suwalszczyzna, PPWK Mapa turystyczna. 1:100.000. Karte für die Region um Suwalki, Augustów und Elk. Hier finden Sie auch andere Paddelstrecken wie die Rospuda, Lega, Jegrznia und den Unterlauf der Elk.
- Wigierskie Park Narodowy i okolice, Mapa turystyczna. 1.50.000. Deckt den Jez. Wigry und den ersten Teil der Czarna Hancza ab.
- Puszcza Augustkowska, Mapa turystyczna. 1.70.000. Auch auf deutsch: Der Augustów Urwald. Bildet die ganze Czarna Hancza übersichtlich auf einem Blatt ab.
- Biebrznanski Park Narodowy, Mapa przyrodnizco-turiystyczna. 1.120.000. Offizielle Karte der Nationalparkverwaltung. Mit Beiheft, Beschreibung der Naturräume im Park in polnisch, englisch und deutsch.
- Bagna Biebrzanskie: *Basen Srodkowy* (Mittelbecken) sowie *Basen Poludniowy* (Südbecken), Mapa przyrodnicza. 1: 50.000. Karten des polnischen Vogelschutzbundes (PTOP), mit Erklärungen zur Vogelwelt auf englisch und deutsch.

Meldepflicht

Die Meldepflicht für EU-Bürger besteht theoretisch noch und wird von Hotels oder Campingplätzen erledigt.

✆ Notrufnummern

- ☎ 997 Polizei ☎ 999 Unfallrettung ☎ 998 Feuerwehr
- ☎ 981 Autohilfsdienst (PZM) ☎ 954 Autohilfsdienst (Poltos)
- ☎ 022-6222060 ADAC/Polski Zwiazek Motorowy (PZM), während der Hauptsaison, alle Mitarbeiter sprechen deutsch.
- ☎ 022-259734 Autohilfsdienst (PZM)

Öffnungszeiten

☞ Einkaufen, ☞ Geld.

Preise

Konsumgüter in dieser Region sind bis zu 30% billiger als in Deutschland. Vor allem auf Wochenmärkten sind die Preise sehr niedrig.

Post und Telefon

Direktwahl ist von den meisten Telefonzellen aus möglich. Sie müssen dafür Telefonkarten (karta telefoniczna) in der Post oder an einem Kiosk kaufen. Es gibt sie in den Werten zu 25, 50 oder 100 Einheiten (nicht Zloty!), die obere linke Ecke der Karte muß vor dem ersten Telefonieren abgebrochen werden.

Vorwahl nach...

- Polen: 0048 + Ortsvorwahl ohne die Null + Teilnehmernummer.
- (D) 0 (Wählton abwarten) 049 + Ortsvorwahl ohne 0 + Teilnehmernummer.
- (A) 0043 + Ortsvorwahl ohne 0 + Teilnehmernummer.
- (CH) 0041 + Ortsvorwahl ohne 0 + Teilnehmernummer.

- In der Post können Sie sich ein Gespräch vermitteln lassen, indem Sie die Nummer nach obigem Muster auf ein Blatt Papier schreiben und am Schalter abgeben.
- Es gibt keinen Billigtarif für Gespräche nach Deutschland, die Direktwahl ist etwas billiger als die Vermittlung.
- Mobilfunktelefone funktionieren bisher nur in der Nähe größerer Städte zuverlässig.

Reisezeit

Im Prinzip ist die Strecke ganzjährig befahrbar, allerdings gelten in den Nationalparks Einschränkungen für Wasserwanderer ☞ Verhalten in den Nationalparks. Während der Überschwemmungsperiode im Frühjahr wird man an der Biebrza nur schwer einen trockenen Zeltplatz finden.

Sicherheit

Seitdem die deutschen Versicherungen nicht mehr jeden gemeldeten Autodiebstahl anerkennen, ist in Polen die Rate der Eigentumsdelikte drastisch gesunken. Dennoch, auch in Polen werden Autos aufgebrochen und/oder geklaut. Deshalb haben alle Hotels und Campingplätze bewachte Parkplätze, auf denen man sein Auto auch längere Zeit stehen lassen kann. In den etwas größeren Städten und bei Sehenswürdigkeiten gibt es ebenfalls immer bewachte Parkplätze. Wir fahren seit vielen Jahren nach Polen und hatten noch nie Probleme. Trotzdem sollten Sie normale Vorsichtsmaßnahmen einhalten: Lassen Sie Ihre Sachen nicht unbeaufsichtigt herumliegen und bewahren Sie in Ihrem Auto keine Wertgegenstände sichtbar auf.

In den polnischen Großstädten wie Posen, Danzig oder Warschau gibt es immer ein "normales" Maß an Kriminalität - aber auf dem Land werden Sie wahrscheinlich schnell vergessen haben, warum Sie sich zuhause Sorgen machten.

Sprache

Viele Campingplatz-, Hotel- und Geschäftsangestellte sprechen etwas englisch oder deutsch. Wenn nicht, kann man sich mit Freundlichkeit, Geduld, Gestik, einem kleinen Sprachführer und Wörterbuch fast immer verständlich machen. Man kann auch Schulkinder und Jugendliche ansprechen, die sich zwar oft nicht trauen, aber inzwischen fast alle etwas Englisch oder Deutsch sprechen.

In den Nationalparkbüros sprechen einige Mitarbeiter deutsch oder englisch.

☺ Eine Auswahl an wichtigen paddelspezifischen Wörtern ist am Ende des Buches unter ☞ Fremdsprech zusammengestellt.

Übernachtung

Für Übernachtungen gibt es Hotels in drei Preisklassen:

- billig, das Doppelzimmer bis 70 PZL ohne eigenes Bad,
- mittel, Doppelzimmer 70-120 PZL mit eigenem Bad oder Dusche,
- teuer, Doppelzimmer 120-180 PZL, meist in einem Neubau der 90er-Jahre mit internationalem Standard.

In den Nationalparks gibt es preiswerte Übernachtungsmöglichkeiten in den Forsthäusern (ca. 25 PZL pro Person).

Entlang der Flüsse und Seen (wie an anderen schönen Stellen Polens) sind Biwakplätze eingerichtet. Diese bieten Feuerstellen, überdachte Sitzgelegenheiten, Plumps- oder Chemietoiletten und manchmal eine Wasserleitung. Die Biwakplätze an der Czarna Hancza sind teilweise privat und die Bauern verdienen sich so etwas dazu. In der Regel kostet die Übernachtung 2 bis 5 Zloty pro Person.

☺ Außerdem gibt's fast überall preiswerte Pensionen und Privatzimmer.

Wildzelten ist in Polen generell verboten, aber mit Erlaubnis des Eigentümers gestattet.

Campingplätze sind etwas teurer und bieten ein sehr unterschiedliches Niveau, aber nur selten Luxus. Campingsaison ist vom 15. Juni bis 30. September.

▶ Eine weitere Übernachtungsmöglichkeit bieten die Ferienzentren *Osrodek*. Diese sind ähnlich ausgerüstet wie Campingplätze, bieten aber zusätzlich Ferienwohnungen (meist nur wochenweise zu mieten). Sie waren früher betriebsgebunden und werden auch heute noch hauptsächlich von Polen genutzt.

Verkehrsregeln

- Höchstgeschwindigkeit innerorts 60 km/h. Außerhalb geschlossener Ortschaften für Fahrzeuge bis 3,5 t und Motorräder 90 km/h; Fahrzeuge über 3,5 t und Gespanne 70 km/h.
- Auf Schnellstraßen mit vier Spuren darf 110 km/h gefahren werden. Auf Autobahnen ist für Fahrzeuge bis 3,5 t ein Tempo von 130 km/h erlaubt.
- Überholen ist im Bereich von Kreuzungen verboten.
- In Einbahnstraßen wird auf der linken Straßenseite geparkt, rechts ist Halteverbot.
- Halteverbot besteht 100 m vor und nach Bahnübergängen.
- Vom 1.11. bis 31.3. muß auch tagsüber mit Abblendlicht gefahren werden. Motorräder müssen außerorts immer mit Abblendlicht fahren.
- Es gibt weniger Verkehrszeichen als in Deutschland, man sollte diese aber unbedingt ernst nehmen.
- Vorsicht auch an den vielen unbeschrankten Bahnübergängen!
- Jeder Unfall ist der Polizei zu melden.
- Die Promillegrenze beträgt nur 0,2!

Zoll

Einfuhr nach Polen

- Der persönliche Reisebedarf an Gepäck ist zollfrei: 250 Zigaretten oder 50 Zigarren oder 250 Gramm Tabak; 0,5 l Spirituosen oder 2 l Wein oder 5 l Bier; 2 kg Fleisch, 1 kg Milchprodukte, 1 kg Schokolade, Geschenke im Wert bis zu US$ 100.
- Zwei Fotoapparate, eine Videokamera, ein Fernglas etc., und Campingausrüstung dürfen eingeführt werden.
- Boote ab 5,5 m Länge müssen deklariert werden.
- Frei konvertierbare Währungen unterliegen keinen Beschränkungen, müssen aber bei größeren Mengen deklariert werden.

Ausfuhr aus Polen

- Bei der Einreise nach Deutschland gelten die Bestimmungen der EU.

Seit Ende 1999 gelten für in Polen zum eigenen Verzehr gesammelte Pilze die gleichen EU-Einfuhrbedingungen wie für Großhändler. Sie müssen ein offizielles Zertifikat über deren radioaktive Verstrahlung vorlegen. Wo Sie dieses herbekommen, bleibt Ihnen überlassen. Wenn Sie Pech haben, können Sie an der Grenze Ihre Pilzernte wegwerfen - oder an einreisende Polen verschenken.

Etwas Landeskunde

Der Nordosten von Polen, die Region **Suwalszczyzna**, erstreckt sich von der Masurischen Seenplatte bis zum Niemen (Memel) und wird heute durch die Staatsgrenzen zur GUS im Norden und zu Lettland und Weißrußland im Osten begrenzt. Die Region gliedert sich in die Seenplatten um die Stadt Elk (Lyck), die Pojezierze Elckie, und um die Stadt Suwalki, die Pojezierze Suwalskie.

Im Süden wird die Region von der waldreichen Landschaft um Augustów, der Rownina Augustowska (Tiefland von Augustow), und durch die Flußebene der Biebrza (noch heute von den Einheimischen mit ihrem alten Namen Bobra bezeichnet), die Kotlina Biebrzanska, begrenzt.

Das Gebiet bildet den mittleren Teil des Baltischen Landrückens, der sich von Pommern bis nach Lettland erstreckt. Seine höchsten Erhebungen liegen im Hauptendmoränenwall der letzten Vereisung während der Weichsel-Würm-Eiszeit vor 20.000 Jahren. Sie entstanden durch tektonische Hebungen und durch das gewaltige Gewicht der von Norden einfließenden Eismassen.

Im Süden folgt den Endmoränen eine Sanderlandschaft, die von dem nordöstlichsten Zufluß des Thorn-Eberswalder Urstromtal abgeschlossen wird. Teil dieses Zuflußgebiets, das bis zum Niemen reicht, ist das Becken der Biebrza mit urzeitlichen Moor- und Torfböden, die einzigartig in Europa sind.

Die Besiedelungsgeschichte des Landes reicht weit zurück. Aus frühgeschichtlicher Zeit sind einige Funde nachgewiesen, wie die bronzezeitlichen Königsgräber des slawischen Volkes der Jacwings bei Suwalki. Später lebte das Volk der Sudauer in Pfahlbauten an den Gewässern der Region. Als Heiden wurden sie bis zum Jahr 1283 vom Deutschen Orden im Zuge der Ostkolonisation ausgelöscht.

Die Region liegt im Kernbereich des polnischen Siedlungsraumes und war auch im 19. Jahrhundert immer wieder Schauplatz der wechselhaften polnischen Geschichte. Trotz der mehrmaligen Teilung des Landes und der Fremdherrschaft von Russen, Deutschen und Franzosen, konnte sich ein polnisches Nationalgefühl behaupten.

Die weiten Wälder um Augustów und die unzugänglichen Sümpfe der Biebrza waren Partisanenland. Es finden sich hier viele Zeugnisse der Erhebung der Polen gegen ihre Besatzer, wie der Aufstand von 1830, in dem sich polnische Truppen vergeblich mit den napoleonischen Einheiten gegen die zaristische Armee verbündeten. Polen wurde russische Provinz.

Als die zaristische Armee im besetzten Land eine Rekrutenaushebung anordnete, kam es zum Januaraufstand von 1863. Auch dieser Aufstand wurde niedergeschlagen, doch sind diese Ereignisse bis heute ein Pfeiler des polnischen Nationalstolzes, an den auch die Nationalhymne *Noch ist Polen nicht verloren* erinnert.

Auch Zeugnisse der jüngeren Geschichte sind überall sichtbar. Nach dem deutschen Überfall auf Polen 1939 marschierte schon kurz danach die zu dieser Zeit noch mit Deutschland verbündete Rote Armee in Ostpolen ein (Hitler-Stalin-Pakt). Die russische Seite der Grenze zu Ostpreußen, die an Suwalki vorbei das Gebiet bei Augustów durchzog, wurde durch Bunker der sog. Molotowlinie gesichert, die heute noch überall als verfallene Zeitzeugen sichtbar sind.

Und wieder kämpften polnische Partisaneneinheiten aus den Wäldern und Sümpfen heraus erst gegen die russischen und ab 1941 gegen die deutschen Besatzer. Überall werden Sie auf Zeugnisse der Vergeltungsmaßnahmen der Wehrmacht gegen diese Partisanentätigkeit stoßen, die Verbrechen der Roten Armee sind auf Grund der polnischen Nachkriegsgeschichte noch nicht sichtbar gemacht und harren einer Aufarbeitung.

Heute bilden **Elk**, **Augustów** und **Suwalki** regionale Zentren in dieser dünnbesiedelten Gegend. Die Wirtschaft ist hier schwach entwickelt, größere Industrie konnte kaum entstehen. Allenfalls die Grenznähe belebt heute den Handel etwas. Die Region ist landwirtschaftlich geprägt und durch die **Puszcza Augustowska**, dem mit 1.100 km^2 größten zusammenhängenden Waldgebiet Polens, spielt die Forstwirtschaft eine große Rolle.

Auffallend sind die vielen Tabakpflanzungen. Von diesen intensiven Kulturen können die Bauern leben oder haben zumindest ein zweites Standbein. Die Tabakernte wird in Augustów verarbeitet. An der Biebrza hat neben der Milchwirtschaft vor allem die Rinder- und Pferdezucht eine gewisse Bedeutung.

Auf Grund des Reichtums an Wäldern und Gewässern setzt man verstärkt auf Tourismus. Die Wertschätzung der Natur zeigt sich in der Errichtung zweier **Nationalparks** und mehrerer Landschaftsschutzgebiete, die hier in unmittelbarer Nähe zueinander liegen. Es bleibt zu hoffen, daß auch außerhalb der Schutzgebiete in Zukunft behutsam mit der Landschaft umgegangen wird, so daß nicht auch noch die letzten Seen mit zum Teil illegalen Wochenendhäusern zahlungskräftiger Polen zugebaut werden - wie es in der Masurischen Seenplatte schon der Fall ist, und wo die geplante Einrichtung eines Nationalparks verhindert wurde.

Nationalparks

Viele Nationalparks wurden um 1990 gegründet und entstanden aus der Umwandlung, Zusammenlegung oder Vergrößerung ehem. Naturschutzgebiete.

Der Wigry-Nationalpark
Wigierski Park Narodowy - WPN

- ♦ Wigierski Park Narodowy, 16-400 Suwalki, Krzywe 82.
  ☎ + FAX 087/5666322, ✉ <wigry_pn@su.onet.pl>

Der östlich von Suwalki gelegene Park wurde 1989 gegründet und ist etwas mehr als 150 km^2 groß. Im Zentrum liegt der gut 21 km^2 große **Jez. Wigry** mit 73 m Tiefe und 72 km Uferlinie, der von der **Czarna Hancza** durchflossen wird. Unter besonderem Schutz stehen die sog. "Trockenen Seen". Durch eine geologische Besonderheit sind die Ufer dieser Seen nicht feucht, sondern vollkommen trocken, so daß hier verschiedene Steppenpflanzen leben können.

Charakteristisch für die Landschaft der nördlichen Klimazone ist der Kiefern-Fichten Wald, in dem einzelne Eichen, Buchen, Birken und Erlen wachsen. Zu den wertvollsten Naturräumen zählen der lichte Eichenwald, die boreal-kontinentalen Dickichte und zahlreiche Übergangs- und Hochmoore. Im Park kommen **50 geschützte Pflanzenarten** vor, darunter Seidelbast, Türkenbund, Sonnentau und Bärlapp. Es sind 200 Moose und 300 Arten von Flechten nachgewiesen worden.

Über **180 Vogelarten** sind hier belegt, so auch Fisch- See- und Schreiadler. Auf den Gewässern kommen Knäck-, Schell- und Kolbenente sowie Gänsesäger vor. In den Gewässern des Parks leben **25 Fischarten**, darunter Renke, Maräne und Stint. Unter den **40 Säugetierarten** sind Elch, Wolf, Fischotter und Biber hervorzuheben. Besondere Wichtigkeit mißt der Nationalpark der Erforschung von Ansiedlungsbedingungen des **Bibers** und seinem Schutz bei. Dazu gehören auch Forschungsvorhaben, die sich kritisch mit der Wiederansiedlung beschäftigen.

Der Biebrza-Nationalpark
Biebrzanski Park Narodowy - BPN

- i Biebrzanski Park Narodowy, 19-252 Osowiec 3, ☎ + FAX 085/163311.
- ♦ Geführte naturkundliche- und ornithologische Touren im BPN bieten: Biebrza Eco-Travel 19-110 Goniadz, ul. Wojska Polskiego 1, ☎ 086/2720785,
  💻 <http://www.biebrza.com/eco-travel> ✉ <eco-travel@biebrza.com.p>
- ♦ Bird Service, 15641 Bialystok, ul. Popieluszki 105, ☎ + FAX 085/616768,
  ✉ <bird@alfa.nask.bialystok.pl>

Der Biber

war Anfang des 20. Jahrhunderts auch in Polen ausgestorben und nur noch einige Sprichwörter ("Es geht nicht gut, Herr Biber" oder "weinen wie ein Biber") erinnerten an seine einstige weite Verbreitung. Mitte dieses Jahrhunderts wurde man sich der Lage bewußt, und es begannen die ersten Versuche seiner Wiederansiedlung. Aus der damaligen UdSSR, wo schon frühzeitig Schutzmaßnahmen getroffen worden waren, wurden mehrere Paare eingekauft und in Polen ausgesetz. Ein Versuch bei Gdansk scheiterte, das Schutzgebiet wurde wieder aufgelöst.

Die vier Biberpaare, die in den alten Festungsgräben in Osowiec an der Biebrza ausgesetzt wurden, vermehrten sich prächtig und breiteten sich über die Biebrza und Narev bis zum Bug und der Weichsel und über die Pisa nach Masuren aus. Sie bildeten den Grundstock für die westliche Verbreitung der Spezies. Die Population am Jez. Wigry und der Czarna Hancza ist dagegen durch die natürliche Wiederzuwanderung aus dem Zuflußgebiet des Niemen entstanden und der Biber hat sich mittlerweile im ganzen Gebiet um Suwalki verbreitet. Beide Populationen sind durch die hydrologische Grenze der Gewässersysteme getrennt, doch scheinen sie allmählich über den Kanal Augustowski und die Blizna zusammenzuwachsen. 1987 zählte man in ganz Polen wieder 3.000 Exemplare, bis 1999 hat sich die Zahl vervierfacht. Dieser rapide Populationszuwachs bringt in dem landwirtschaftlich genutzten Land auch Probleme mit sich. Indem sie Bäume fällen, Dämme bauen und durch Versperren der Entwässerungsgräben den Grundwasserspiegel steigen lassen, machen sich die Biber heute nicht mehr nur Freunde.

So fanden die Landwirte des Dorfes Szwajcaria bei Suwalki ihre Wiesen und Äcker überflutet vor, und nicht nur hier wurde der Ruf nach Abschuß der noch auf der roten Liste stehenden Tiere laut. Angesichts dessen, daß die Biber nur den natürlichen Zustand der heute begradigten Flußlandschaften wiederherstellen, ein fragliches Verlangen. Durch die Bautätigkeit des Bibers entstehen wieder wertvolle, schon verloren geglaubte Lebensräume für im Aussterben begriffene Tierarten. Der Biber leistet so Pionierarbeit für die Renaturierung monotoner, vom Menschen geschaffenener Landschaften. Um diesen beiden gegensätzlichen Interessen gerecht zu werden, muß über die räumliche Verbreitung des Bibers nachgedacht werden. Durch eine sinnvolle Planung von Schutzräumen und Regulationsmaßnahmen kann in Zukunft ein konfliktfreies Zusammenleben von Mensch und Biber ermöglicht werden.

Der Biebrza-Nationalpark wurde 1993 gegründet und folgt auf 155 km Länge dem Verlauf des Biebrza-Tals. Mit einer Fläche von 592 km² ist er der größte Nationalpark in Polen, um den eigentlichen Park liegt noch eine fast 670 km² große Schutzzone. Der Fluß ist bis heute nahezu von Eindeichungen und anderen Maßnahmen verschont geblieben, so daß große Teile des Landes alljährlich im Frühjahr überschwemmt werden.

Die Pegelunterschiede können bis zu 3 m betragen, eine enorme Höhe in diesem flachen, nahezu gefällfreien und nicht durch Dämme geschützten Tal, das durch die Wassermassen teilweise auf 10 km Breite überflutet und in dieser Zeit mit unzähligen Wasseradern durchzogen wird.

Wenn das Wasser Ende Mai fällt, bleiben sumpfige Bruchwälder und Feuchtwiesen mit vielen Altarmen zurück. Die Wiesen können erst im Hochsommer richtig betreten werden und die Mahd ist nur durch Handarbeit möglich. Der Abtransport der Heus erfolgt auch heute noch über Kähne auf dem Wasser. Dadurch hat sich hier ein europaweit einmaliger Lebensraum erhalten, dessen Planzen- und Tierwelt andernorts schon lange ausgestorben ist.

Eine Besonderheit der Ebene bildet die Aneinanderreihung von unzugänglichen Flach- und Hochmooren, sowie die moosreichen Kleinseggen-Zwischenmoore. Im Querschnitt läßt sich des Becken in drei Zonen einteilen:

- Die **Immersionszone**, der Bereich der jährlichen Überschwemmungen, mit Großseggen, Röhrichten, Rohr-Glanzgras und Großem Mannagras.
- Die **Immersions-Emersionszone**, der Bereich der nicht immer, aber regelmäßig überschschwemmt wird. Hier sind die Schwarzkopf-Seggen gemeinsam mit den Steif-Seggen dominant.
- Die **Emersionszone**, die Zone, die vom Überschwemmungswasser nicht mehr erreicht wird. Hier wächst die Gemeinschaft der Schnabel- Sumpf- und Drahtsegge auf gut ausgebildetem Moos-Rasen. Den Abschluß dieser Zone bildet der Schwarzerlenbruchwald.

Neben den Seggengemeinschaften kommen auf den Moorflächen auch Staudenpflanzen wie die Moosbeere oder die seltene Rauschbeere vor, die entgegen ihres Namens keinerlei berauschende Wirkstoffen enthält. Im Gegensatz dazu enthält der Sumpf-Porst ätherische Öle und halluzinigene Stoffe, die in der Medizin genutz werden. Auf den Moorflächen wachsen auch Heidekräuter, wie die Rosmarienheide oder die Torfheide, deren abgestorbene Pflanzenteile für die Torfentwicklung verantwortlich sind. Eine andere auffallende Landschaft bilden die Bereiche der Sukzession. In einigen Teilen des Biebrza-Tals werden die Wiesen nicht mehr gemäht und dort verbuscht das Gelände langsam. Als erstes siedeln hier Lapplandweiden und die Niedrige Birke, an den Rändern des Beckens läuft die Sukzession weiter zum Kiefernbruchwald.

Unter den Wasserpflanzengesellschaften kommen Krebsschere, Schwimmender Froschbiß und Seerosen vor. Entlang des Flußbetts gedeihen Kalmus, Schachtelhalm, Wasserfenchel und Wasser-Sumpfkresse.

Die Landschaft der Biebrza-Niederung ist auch durch inmitten der Sümpfe gelegene Erhöhungen geprägt, den Mineralinseln. Der ursprüngliche Charakter dieser Gebiete hat das Überleben einiger Reliktpflanzen ermöglicht, die zur Eiszeitflora der Borealzone gehören: Karlszepter, Frauenschuh, Fleischfarbiges Knabenkraut als Vertreter der Orchideenarten. Selten sind auch Moor-Steinbrech, Blaues Sperrkraut, Sumpf-Greiskraut, Graben-Veilchen, Norwegisches Fingerkraut und Moor-Tarant.

Im Nationalpark wurden **262 Vogelarten**, darunter 178 Brutarten nachgewiesen. Neben den unzähligen Kleinvogelarten, die auf eine Sumpflandschaft angewiesen und deshalb anderswo in Europa vom Aussterben bedroht sind, kommen auch eine Anzahl von Brutvögel vor, die generell selten sind. Die interesanntesten sind: Steinadler (1 Brutpaar), Seeadler (3), Schlangenadler (2) und Zwergadler (1), der hier sein nördlichstes Brutgebiet in Europa hat.

An der Biebrza haben eine Reihe von Vögeln ihr größtes Vorkommen in ganz Mitteleuropa: Rohrdommel, Zwergdommel, Schwarzstorch, Pfeifente, Spießente, Schelladler, Schreiadler, Kornweihe, Wiesenweihe, Birkhuhn, Kranich, Wasserralle, Wachtelkönig, Alpenstrandläufer, Großer Brachvogel, Doppelschnepfe, Zwergmöwe, Weißflügelseeschwalbe, Uhu, Sumpfohreule, Grauspecht, Weißrückenspecht, Seggenrohrsänger, Blaukehlchen, Rotdrossel und Karmingimpel.

Die Blauracke ist auch hier vom Aussterben bedroht. Die Population ist von 18 Brutpaaren in den 70er Jahren auf drei geschrumpft. Für die Zwergschnepfe bilden die Torfmoore der Biebrza z.Z. das einzige Brutgebiet in Mitteleuropa.

Auch der spektakuläre Kampfläufer hat hier einen seiner letzten Lebensräume. 1980 wurden noch 300 Brutpaare gezählt, inzwischen ist die Zahl auf 50 gesunken. Beeindruckend ist das Balzkleid und -spiel der männlichen Vögel.

Die Überschwemmungswiesen sind auch ein wichtiger Rastplatz für Zugvögel aus Nordeuropa und Sibirien. Alljährlich im Frühjahr und Herbst finden sich Zehntausende von Kranichen, Gänsen, Kiebitze und Drosseln ein, um auf ihrem Flug in die Winter- oder Sommerquartiere neue Kraft zu schöpfen.

In diesem Gebiet wurden fünf Schlangenarten, darunter die Kreuzotter, und 12 Amphibienarten nachgewiesen, im Fluß kommen 36 verschiedene Fischarten vor. Ein Großteil der unzähligen Insektenarten ist noch gar nicht erfaßt und wissenschaftlich aufgearbeitet.

Unter den vielen Säugetierarten die hier Zuflucht finden, sind der **Fischotter**, **Biber**, **Elch**, der hier seine größte Kolonie in Mitteleuropa hat und der **Wolf** hervorzuheben. Jedes Jahr im Januar ist während seiner Paarungszeit das Heulen der Tiere überall im Biebrzatal zu hören.

Wie bei der Schaffung von Nationalparks überall, kommt es zu Problemen verschiedener Art. So dürfen die Bauern in einigen Teilen des Parks, wie z.B. beim Dorf Polkowo in der Nähe des Reservats Czerwone Bagno, ab dem Jahr 2000 ihre Wiesen nicht mehr mähen. Dies bedeutet, daß Futter für das Vieh gekauft werden muß, was wohl viele Landwirte zur Aufgabe ihres Hofes zwingen wird, keine leichte Lage in einer Gegend mit wenigen Arbeitsplätzen in anderen Bereichen. Andererseits hat die traditionelle Mahd auch einen großen Teil der Landschaft mitgeprägt.

Werden die Wiesen sich selbst überlassen, setzt dort die Sukzession, d.h. die Verbuschung und Versumpfung, ein. Die angestammten Vogelarten, die auf offene Flächen angewiesen sind, werden vertrieben (z.B. der Kampfläufer oder Zugvögel), es entstehen so aber auch neue Lebensräume für andere seltene Arten. Um das ganze Ökosystem stabil zu halten ist sehr viel Fingerspitzengefühl nötig, auch um die Bemühungen des Naturschutzes mit den Bedürfnissen der Bevölkerung in Einklang zu bringen.

Ob die kleinen bäuerlichen Betriebe den bevorstehenden EU-Beitritt überleben ist sowieso fraglich. Vielleicht ist die Etablierung eines sanften Tourismus eine Lösung, doch wird diese wilde, ungefällige Landschaft immer nur wenige Liebhaber anziehen, und nicht so viele wie z.B. die lieblichen Wälder und Seen des Wigry-Nationalparks.

Das Totalreservat Czerwone Bagno - oder: Elchtest an der Biebrza

Das Reservat, heute Teil des Nationalparks, wurde schon 1924 gegründet und ist ein europaweit fast einzigartiges Rückzugsgebiet für vom Aussterben bedrohte Säugetiere. Für Besucher herrscht absolutes Betretungsverbot und da der "Rote Sumpf" ein Sumpf ist, ist dies auch nicht schwer durchzusetzen. Selbst Begehungen zu Forschungszwecken sind auf ein absolutes Minimum beschränkt.

Das Gebiet ist die Keimzelle der Neubesiedelung Polens mit dem Elch, denn in diesem unwegsamen Gelände haben einige Exemplare sogar den Zweiten Weltkrieg überlebt und breiteten sich von hier wieder aus. Der Bestand an der Biebrza wird auf Grund jährlicher Beobachtungsflüge mit dem Hubschrauber auf 200 Stück geschätzt, wovon die meisten in oder in der Nähe des Czerwone Bagno leben. In Polen gibt es inzwischen wieder ca. 10.000 Elche, doch sind sie außerhalb der Naturschutzgebiete noch nicht geschützt, d.h. sie dürfen, von Jagdbeauftragten abgeschossen werden, wenn sie Schäden anrichten.

Auch für Deutschland wird sich in nächster Zeit die Diskussion um die Wiederansiedlung des Elches, z.B. im Nationalpark Unteres Odertal, intensivieren. Es liegen doch mehrere Sichtungen für Mecklenburg-Vorpommern vor und auch in Brandenburg ging 1998 die Kollision einer Elchkuh mit einem Pkw bei Frankfurt/Oder durch die Presse. Eine weitere Elchkuh wurde in der Nähe von Berlin mehrmals gesehen. Es scheint, daß der Elch nicht auf seine Wiederansiedlung wartet, sondern uralte Wildwechsel nutzend von ganz alleine zurückkehrt.

Die Wahrscheinlichkeit, einen Elch zu sehen, ist in der Nähe des Czerwone Bagno nicht gering, wenn Sie einen längeren Fußmarsch nicht scheuen und sich ruhig und vorsichtig verhalten. Eine vielversprechende Möglichkeit jenseits der Kanutour ist, auf dem Biwakplatz oder in den Fremdenzimmern des Forsthauses Grzedy zu übernachten (Eintrittskarten für den Park), Einkaufsmöglichkeit im ca. 5 km entfernten Dorf Karczewo) und von dort aus eine der markierten Rundwanderungen zu machen.

Eine Mischung aus den blau, rot und grün markierten Wegen ist 20 km lang und erfordert einen ganzen Tag. Da die Wege teilweise durch Sumpf führen, sind sie nur nach einer Trockenperiode ohne Gummistiefel machbar.

Am Beginn folgen Sie der roten Markierung. Sie sehen an der rechten Seite das Denkmal für die Partisaneneinheiten, die während des Aufstandes 1863 und im Zweiten Weltkrieg im Czerwone Bagno ihr Versteck hatten. Interessant ist, daß die Kämpfer mit ihren Decknamen genannt werden.

Weiter folgen Sie links dem blauen Wanderweg durch einen Sumpfwald bis zum Aussichtspunkt mit Blick auf das Totalreservat. Dann folgen Sie dem Holzsteg durch ein Moorgebiet, bis Sie wieder den roten Weg erreichen.

Biegen Sie links ab, geht es erst durch Wald, dann über Dünen zum Aussichtsturm Uroczysko mit Blick auf die Seggenwiesen an der Biebrza. Von hier können Sie auf der anderen Talseite Gondiaz sehen, dazwischen liegen fast 10 km unzugänglichen Geländes. Weiter geht es zu einem alten Bauernhaus aus Holz mit funktionierendem Brunnen. Der Rückweg führt auf einem Trampelpfad über Moorflächen und durch Sumpfwälder zurück zum Forsthaus. Dies ist der schönste Teil der Wanderung, auch wenn man dabei an einigen Grundmauern der ehemaligen Häuser des Dorfes Grzedy vorbeiläuft, deren Bewohner 1943 von der deutschen Wehrmacht als Vergeltungsaktion für die Partisanentätigkeiten ermordet wurden.

Wenn Sie dem grünen Wanderweg ein Stück folgen, kommen Sie an die Gedenkstelle Solistowska Góra, wo das Massaker stattfand. Das Dorf wurde danach nicht mehr besiedelt. In diesem Teil ist die Chance, einen Elch zu sehen am größten (aber Vorsicht, ein gereizter Elchbulle kann auch Menschen gefährlich werden), mit etwas Glück und viel Aufmerksamkeit sieht man auch Wolfsspuren.

Tourenplanung

Das Gewässersystem

Genaugenommen handelt es sich hier um zwei Systeme. Die Czarna Hancza ist ein Nebenfluß des Niemen (Memel), der in die Ostsee mündet. Erst durch den Bau des Kanals Augustowski wurde dieses Wassersystem mit dem Einzugsgebiet der Biebrza verbunden. Wenn Sie den Kanal fahren, überwinden Sie eine Wasserscheide. Ab der Schleuse Swoboda bei Augustów wird das Land zur Wisla (Weichsel) entwässert.

Alle Flüsse dieser Region, wie Rospuda, Blizna, Netta, Elk, Lega und Jegrznia sind Nebenflüsse der Biebrza. Kurz vor Wizna mündet die Biebrza in die Narew. Dieser Fluß entspringt ebenso wie die Biebrza an der weißrussischen Grenze und mündet bei Warszawa (Warschau) in den Bug, der kurz danach in die Wisla (Weichsel) mündet.

In diesem Gebiet sind unzählige Kanutouren möglich, und man kann verschiedene Strecken miteinander kombinieren. Der Kanal hat keine Strömung, kann in beide Richtungen befahren werden und verläuft streckenweise schnurgerade (📷 nebenan). Im Prinzip ist das auch auf den Flüssen möglich (Ausnahme: der Oberlauf der Rospuda), doch ist dies unserer Ansicht nach, gerade wenn man eine längere Tour plant, zu anstrengend. Kombinationen, die oft gefahren werden, sind beispielsweise:

- Jez. Wigry - Czarna Hancza - Kanal Augustowski - Biebrza bis Wizna, 225 km.
- Jez. Wigry - Czarna Hancza - Kanal Augustowski - Blizna - Jez. Blizna - Landtransport zum Ausgangspunkt, 125 km.
- Rospuda - Blizna - Landtransport zum Jez. Wigry - Czarna Hancza - Kanal Augustowski - Biebrza bis Wizna, 330 km.
- Oberlauf Biebrza - Kanal Augustowski - Jez. Sewry - Landtransport zum Jez. Wigry - Czarna Hancza bis Rygol, 170 km.
- Lega/Jegrznia bzw. Elk/Kanal Rudzki - Biebrza stromab, 170 km bzw. 200 km.
- Biebrza stromauf - Kanal Augustowski - Blizna - Czarna Hancza, 220 km bzw. 250 km.

Wir haben uns für die klassische erste Variante entschieden Die im nächsten Kapitel beschriebene Tour beginnt am Jez. Wigry im Wigry-Nationalpark bei Suwalki, und führt auf dem Fluß Czarna Hancza durch den Augustowski-Urwald über den Kanal Augustowski zur Biebrza im Biebrza-Nationalpark. Endpunkt ist Wizna an der Narew. Die gesamte Strecke ist 225 km lang, man benötigt ca. drei Wochen.

Der Charakter der Strecke ist sehr vielfältig und abwechslungsreich. Vom Wald- und Wiesenfluß über Kanäle, große Seen und ausgedehnte Sumpfgebiete ist alles vertreten. Die Wasserqualität ist ab dem Jez. Wigry auf der Czarna Hancza, ebenso wie am Kanal Augustowski und an der Biebrza gut. Baden ist überall möglich.

☞ Man sollte in der ländlichen, katholischen Umgebung das Nackt- oder Oben-Ohne-Baden oder -Paddeln unterlassen.

Schwierigkeiten

Die Strecke birgt keinerlei Schwierigkeiten. Mäßige Strömung, wenige Hindernisse und die Breite machen die Flüsse gut passierbar, durch die Schleusen (nur zwei sind derzeit nicht in Betrieb) ist eigentlich kein Umtragen nötig.

Eine Ausnahme bildet nur der Rückweg von Augustów zum Jez. Wigry über die **Blizna**. Am Anfang wird auf dem schmalen Flüßchen das Vorankommen durch viele niedrige und zum Teil eingestürzte Holzbrücken für landwirtschaftliche Nutzfahrzeuge behindert. Falls Sie mit einem flachen Kajak unterwegs sind, können Sie vielleicht durch manche Brücke "durchkriechen", mit anderen Bootstypen nicht. Später wird die Blizna so flach, daß Sie auf einer Länge von mehreren Kilometer treideln müssen, was in den warmen Sommermonaten und an den Stellen mit sandigem Grund Spaß macht und kein Problem ist - aber hüten Sie sich vor Schlammlöchern, in denen man schnell bis zur Hüfte versinken kann.

Im Waldgebiet, das die Blizna durchfließt, versperren sehr viele umgestürzte Bäume den Weg und müssen überhoben werden, außerdem nagt der Biber und baut Dämme, so daß die Landschaft einer dauernden Veränderung unterworfen ist. Trotz alledem oder gerade deswegen ist sie ein interessantes Erlebnis.

Je nach Wasserstand muß auf dem Oberlauf der Czarna Hancza und auf der Rospuda getreidelt werden.

Im Biebrza-Nationalpark sind die Tagesetappen im unteren Teil sehr lang, auf einer Länge von 40 km gibt es nur eine erlaubte Zeltmöglichkeit, was z.B. bei schlechtem Wetter zu Schwierigkeiten führen kann.

Verhalten in den Nationalparks

▶ In den Nationalparks wurden zum Schutz der brütenden Wasservögel Paddel- bzw. Übernachtungsverbote erlassen. Im Wigry-Nationalpark ist Wassersport nur vom 1. Juni bis zum 31. Oktober erlaubt.

- Bis zum 15. Juli ist die Befahrung des Jez. Wigry südlich der Inseln Ostrów und Krowa verboten. Wenn Sie in Bryzgiel beginnen wollen, müssen Sie in dieser Zeit den kürzesten Weg in Richtung See-Enge zwischen den Inseln Ostrów und Ordów benutzen. Auf der Halbinsel Wysoki Wagiel im Jez. Wigry herrscht Betretungsverbot, man darf sich dem Ufer nur auf 100 m Entfernung nähern.
- Im Biebrza Nationalpark ist es im Frühjahr während der Brutsaison der Wasservögel bis zum 31. Juni verboten, auf dem Gelände des Beobachtungsturms Bialy Grad zu übernachten, was praktisch die Befahrung des unteren Teils der Biebrza unmöglich macht.
- Motorboote und Nachtfahrten sind in den Parks ganzjährig verboten.
- Es darf nur auf den ausgewiesenen Biwakplätzen übernachtet und Feuer gemacht werden und die Wege dürfen nicht verlassen werden.
- Es ist verboten Pilze, Pflanzen etc. zu sammeln, Tiere zu beunruhigen, Müll außerhalb der dafür vorgesehenen Sammelstellen zu hinterlassen und Lärm oder Musik zu machen.
- Hunde sind an der Leine zu führen. Die Brutplätze aller Adlerarten, des Uhus und der Schwarzstorchs stehen unter besonderen Schutz. Man darf sich den Horsten auf 500 m nicht nähern.
- Um in den Nationalparks zu paddeln bzw. um sie zu betreten, muß man sich bei den Nationalparkverwaltungen des WPN oder BPN anmelden und eine geringe Gebühr (1999: 2 PZL pro Person und Tag) entrichten. Man kann auch an einigen dafür vorgesehenen Stellen Eintrittskarten für einen Tag lösen (z.B. Biwakplätze der PTTK am Jez. Wigry, Schleuse Sosnowo am Kanal Augustowski, Touristeninformation Goniadz, Forsthaus **Grzedy**). Im Biebrza-NP braucht man für Gruppen über sechs Personen eine besondere Genehmigung des Direktors, Gruppen über 20 Personen sind grundsätzlich verboten.
- Die Nationalparkwächter sind uniformiert, haben im Park Polizeirecht und dürfen bewaffnet sein, da sie nicht nur gegen Wildzelter sondern auch gegen Wilderer vorgehen. Nehmen Sie die Verbote ernst, es wird vor allem am Jez. Wigry und an der Biebrza unterhalb von Osowiec streng kontrolliert!

☺ Bedenken Sie, daß die Beachtung dieser Regeln für den Aufenthalt in solch sensiblen Ökosystemen eigentlich selbstverständlich sein sollte und deren massenweise Übertretung zur Sperrung der Flüsse für Kanuten führen kann. Informationen über das Verhalten am Wasser finden Sie auch auf der Webseite des Deutschen Kanu Verbandes (DKV) unter der Rubrik Natur und Umwelt: <http://www.kanu.de>

Angelregeln im Wigry-Nationalpark

- Angeln ist vom 1.6. bis zum 31.10. von Stegen und vom Boot aus erlaubt, aber die Schilfgürtel dürfen weder betreten noch befahren werden. Angelzeit ist von Sonnenauf- bis -untergang, Nachtangeln verboten.
- Es sind zwei Angeln mit pflanzlichen Ködern, Würmern etc. erlaubt, aber keine Flugangel am See. Mindestmaß Barsch 15 cm, Blei 25 cm.
- Es dürfen weder lebende noch tote Köderfische verwendet werden.
- Es herrscht Angelverbot auf alle Forellenarten (auch Maräne) und Welse.
- Hecht darf nur mit künstlichem Köder an einer Spinnangel gefangen werden. Mindestmaß: 60 cm. Es dürfen in 24 h zwei Hechte dem Gewässer entnommen werden.
- An der Czarna Hancza (im Park) darf die Äsche nur mit künstlicher Fliege (Flugangel) oder mit pflanzlichen Köder (keine Würmer etc.) gefangen werden.

Angelregeln im Biebrza-Nationalpark

- Angeln ist von Sonnenaufgang bis Sonnenuntergang erlaubt. An den Altarmen ist vom 1.3. bis zum 30.6. angeln verboten. Ganzjährig ist das Angeln an der Biebrza von der Eisenbahnbrücke in Osowiec bis zum Einfluß der Wissa, sowie an der Elk und an der Jegrznia innerhalb der Nationalparkgrenzen verboten.
- Angeln vom Boot aus ist erlaubt, ansonsten dürfen die Wege nicht verlassen werden.
- Vor Angelbeginn ist die Angelstelle im Umkreis von 10 m² von Unrat zu reinigen und der Müll an erlaubter Stelle zu entsorgen.
- Im weiteren gelten die Angelbedingungen des PZW.

Kanuvermietung und organisierte Kanutouren

- Kanuvermietungen gibt es während der Saison am Jez. Wigry an den Biwakplätzen der "Polnischen Gesellschaft für Tourismus und Landeskunde" PTTK. Man kann Kajaks und geführte Touren auch frühzeitig über das PTTK-Büro in Suwalki buchen.
- In Augustów bieten neben der PTTK-Wasserwanderstation mehrere private Unternehmen Kajaks sowie geführte Touren an (z.B. "Sirocco" oder "Szot", z.T. mit eigenen Biwakplätzen).

- Im Biebrza-Nationalpark bietet die Parkverwaltung in Osowiec z.Z. 25 Kajaks und einige Kanus zur Vermietung, die man im Voraus bestellen sollte (Adresse ☞ BPN). In Lipsk am Oberlauf der Biebrza, hat die Gemeinde ein Bootshaus und vermietet Kajaks.
- Alle aufgeführten Vermieter organisieren auch den Land- bzw. Rücktransport der Boote.
- Preise 1999: ca. 20 PZL am Tag für ein Zweierkajak. Landtransport, ca. 2 PZL/km pro Boot.
- Adressen ☞ Info-Blöcke zu Suwalki und Augustów.

Einkauf und Ausrüstung

- An der Czarna Hanzca gibt's viele Einkaufsmöglichkeiten und besonders in der Hochsaison verkaufen Bäuerinnen und Kinder direkt an der Strecke Lebensmittel und Getränke - anders als im unteren Teil des Biebrza-Nationalparks, wo man für mehrere Tage einkaufen muß.
- Campingzubehör erhalten Sie nur in Suwalki oder Augustow.
- An der Biebrza ist es sehr sumpfig, wenn man ein wenig herumlaufen will, sollte man auch im Hochsommer Gummistiefel nicht vergessen. Im Gegensatz zu der durch Wald verlaufenden Czarna Hancza kann es in dem ungeschützten Tal tagsüber sehr windig und durch die hohe Luftfeuchtigkeit und bei Nebel nachts sehr schnell kalt werden. Man sollte auch im Sommer warme Kleidungsstücke dabeihaben. Gegen die besonders stark auftretenden Stechmücken hilft langärmlige Kleidung.

Trinkwasser

Wasser ist überall trinkbar und kann in jedem Dorf beschafft werden, an der Kanuroute kommt es meist aus Grundwasserbrunnen, entspricht aber wie fast nirgends in Polen der EU-Norm (Mineralwasserqualität).

Ein- und Aussetzstellen

Da viele Kombinationen möglich sind, wird auf eine detaillierte Auflistung verzichtet. Mit etwas Geduld kommen Sie von jedem kleinen Dorf mit einem Bus, der meist morgens und abends fährt, nach Augustów oder Suwalki und von dort aus zu Ihrer Einsetzstelle zurück.

Fische und Fischen

Der unterschiedliche Charakter der Gewässer bildet die verschiedensten Lebensräume für Fische. Der Jez. Wigry ist ein tiefer Maränen-See, Nährstoffarmut und sandiger Grund zeichnen diesen Typ aus. Diese Art von See ist in Deutschland durch Eutrophierung selten geworden, er kommt noch in Mecklenburg und als Renken-See-Typ im Voralpenland vor. Es gibt sehr viele Barsche in den Buchten und vor den Schilfgürteln, aber auch Hechte stehen hier. An Friedfischen kommen Bleie, Schleien und sogar Döbel vor.

Die Czarna Hancza kühlt sich nach dem Ausfluß aus dem Jez. Wigry allmählich ab, Strömung und Sauerstoffgehalt nehmen zu, und das Gewässer entwickelt sich zu einem typischen Flachlandfluß der Forellen- und Äschenregion.

Sie ist durch die Wasserpflanzen und die Strömung schwer zu beangeln, aber Spezialisten fangen hier in der richtigen Jahreszeit (nicht im Sommer) Äschen und Forellen. Ansonsten kommen der Döbel und in den etwas langsameren, breiteren Abschnitten Barsch und vereinzelt Hecht vor.

Mit Eintritt in den Kanal Augustowski wird die Czarna Hancza zum stehenden Gewässer mit teilweise eingedeichten Ufern und befestigtem Grund, unterbrochen von flacheren Seen bei Augustów des Typs Blei-See mit spärlichen, nur teilweise ausgeprägten Ufergürteln und häufig schlammigem Grund.

Hier werden die Friedfischangler auf ihre Kosten kommen. Karpfen, Schleie und Bleie finden optimale Lebensbedingungen. Auch Aale gehen in den Seen um Augustów an den Haken. Durch das etwas trübere Wasser fühlt sich hier auch der Zander wohl. Im Freiwasser fängt man Barsche mit kleinen Köderfischchen oder kleinen silberfarbigen Spinnern. Auch Hechte kommen stellenweise vor. Wenn Sie im Spätherbst unterwegs sind, können Sie einen Versuch auf Quappen wagen. Der Jez. Rospuda bei Augustów ist für seine guten Bestände des einzigen Vertreter der Dorschartigen im Süßwasser bekannt.

Die ab Augustów neben dem Kanal verlaufende Netta gehört wegen der schnellen Strömung und des windungsreichen Verlaufs wieder zum Flachlandfluß der Forellenregion. Es gilt das für die Czarna Hancza gesagte, doch ist der Fischbestand durch die Verbindung zum Kanal vielfältiger als dort.

Nach dem Zusammenfluß mit dem Kanal und ab dem Eintritt in die Biebrza wird das Gewässer zu einem mäßig fließenden Fluß der Ebene mit vielen Altarmen, starkem Pflanzenbewuchs und jährlichen Überschwemmungsgebieten.

Die Biebrza ist wohl eines der besten Hechtreviere in Europa. Die Wasserpflanzen bieten dem Fisch unzählige Versteckmöglichkeiten und die Überschwemmungswiesen sehr gute Laichmöglichkeiten, so daß seine natürliche Fortpflanzung noch nicht gestört ist.

Die Hechtdichte ist so groß, daß die in anderen Gewässern überwiegenden Barschbestände dezimiert werden und der Hecht sich teilweise kannibalisch ernährt.

Versuchen Sie hier Ihr Glück, wenn Sie einen Hecht fangen wollen: es wurden Rekordfische von 20 kg gemeldet. Einheimische angeln mit Köderfisch an einem großen Einzelhaken dicht am Ufer, oder spinnen mit 15 bis 20 cm langen Gummifischen in den Farben weiß-schwarz / weiß-rot. Auch Barsch- oder Hechtimitationen sind fängig. Verwenden Sie auch Einzelhaken um die vielen kleinen Hechte nicht zu verangeln.

Auch der Döbelbestand ist hier beachtlich, wir hatten mit einem gold-rot farbigen Spinner der Größe 2 Erfolg.

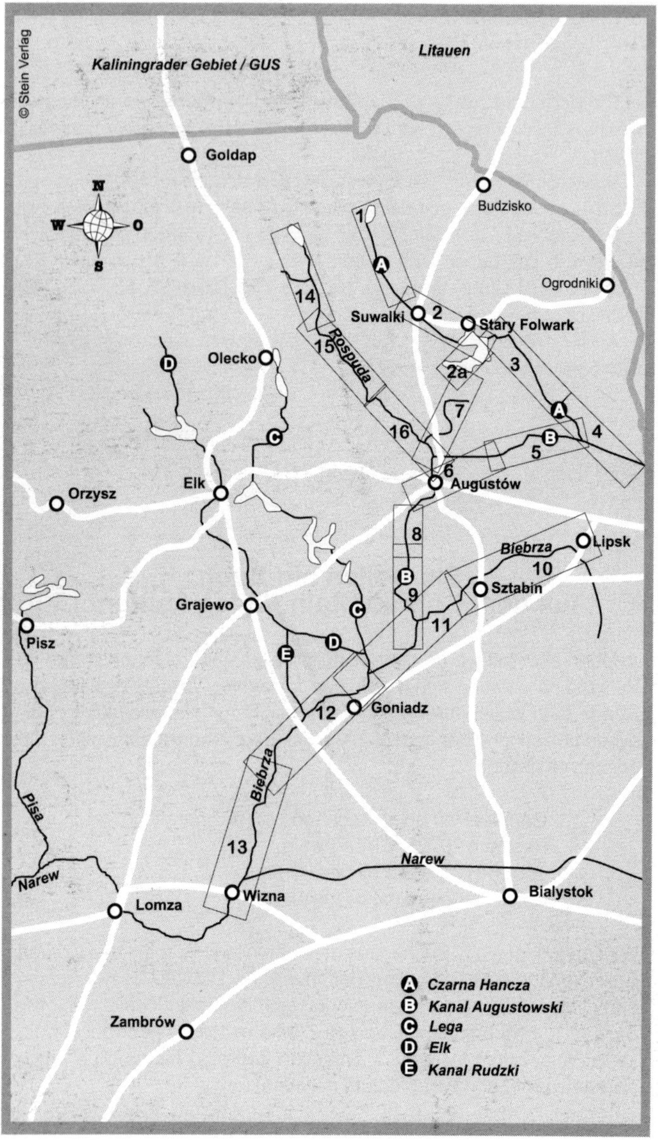
© Stein Verlag
Kaliningrader Gebiet / GUS
Litauen
Goldap
Budzisko
Ogrodniki
N
W
O
S
Suwalki
Stary Folwark
Olecko
Rospuda
Elk
Orzysz
Augustów
Grajewo
Pisz
Biebrza
Lipsk
Sztabin
Goniadz
Pisa
Narew
Lomza
Wizna
Bialystok
Zambrów
1
2
2a
3
4
5
6
7
8
9
10
11
12
13
14
15
16
A Czarna Hancza
B Kanal Augustowski
C Lega
D Elk
E Kanal Rudzki

Routen und Etappen

Egal woher man kommt, man fährt wahrscheinlich über Suwalki. Die Stadt ist Ausgangspunkt für Kanuten, man kann sich hier gut informieren und mit noch benötigten Dingen wie z.B. Karten versorgen.

1: Suwalki

16-400, woj. Podlaskie 087

Centrum Informacji Turystycznej i Promocji Regionu, ul. Kosciuszki 45, 5665494, FAX 5665872, <http://www.suwalki-turystyka.info.pl> <sirtski@polbox.com> (Landkarten).

♦ PTTK-Suwalki, ul. Kosciuszki 37, 5665961, FAX 5667947 (blauer Kanuführer zur Czarna Hancza und Landkarten).

Mehrere Hotels in verschiedenen Preislagen.

♦ "Hancza", ul. Wojska Polskiego 2, 5666223, FAX 5666633. An dem Hotel fließt die Czarna Hancza vorbei.

♦ "Dom Nauczyciela", ul. Kosciuszki 120, 5666900, FAX 5666908.

♦ "Suwalszczyzna", ul. Noniewicza 71a, 5651929, FAX 5651900.

♦ "Star", ul. Sejnenska 62, 5651753. Kleines Haus an der Straße zur Nationalparkverwaltung und dem Jez. Wigry.

Es gibt viele Restaurants in Suwalki, z.B. in den großen Hotels.

♦ "Szanghaj", ul. Kosciuszki 82, 5651460.

Gute Einkaufsmöglichkeiten in der Innenstadt, Supermärkte an den Ausfallstraßen, Wochenmarkt.

Campingmöglichkeiten am Jez. Wigry in Stary Folwark und Gawrych Ruda.

Post, ul. Kosciuszki und ul. Sejnenska.

BANK Bank PKO, ul. Kosciuszki 72.

♦ Kantor Wymiany Walut, ul. Kosciuszki.

Busbahnhof PKS, ul. Przytorowa, 56662763.

Bahnhof PKP, ul. Kolejowa, 56669313.

Taxistände, an beiden Plätzen.

⌘ Muzeum Okregowe, ul. Kosciuszki 81, 5665750.

♦ Muzeum Marii Konopnickiej, ul. Kosciuszki 31, 5664133.

beide Museen Di-Sa 8:00-16:00, sonn- und feiertags 10:00-17:00.

PZW Angelverband, pl. M. Konopnickiej 7, Mo-Fr 7:00-15:00, Sa 7:00-13:00.

♦ "Stynka" Salon Wedkarski, ul. 1 Maja 1 lok. 2 (Angelscheine).

Kanuvermietung den PTTK-Stationen am Jez. Wigry in Stary Folwark, Gawrych Ruda und Bryzgiel. Kanus und Touren können auch über das PTTK-Büro in Suwalki organisiert bzw. gebucht werden.

♦ PTTK-Suwalki, ul. Kosciuszki 37, 5665961, FAX 5667947.

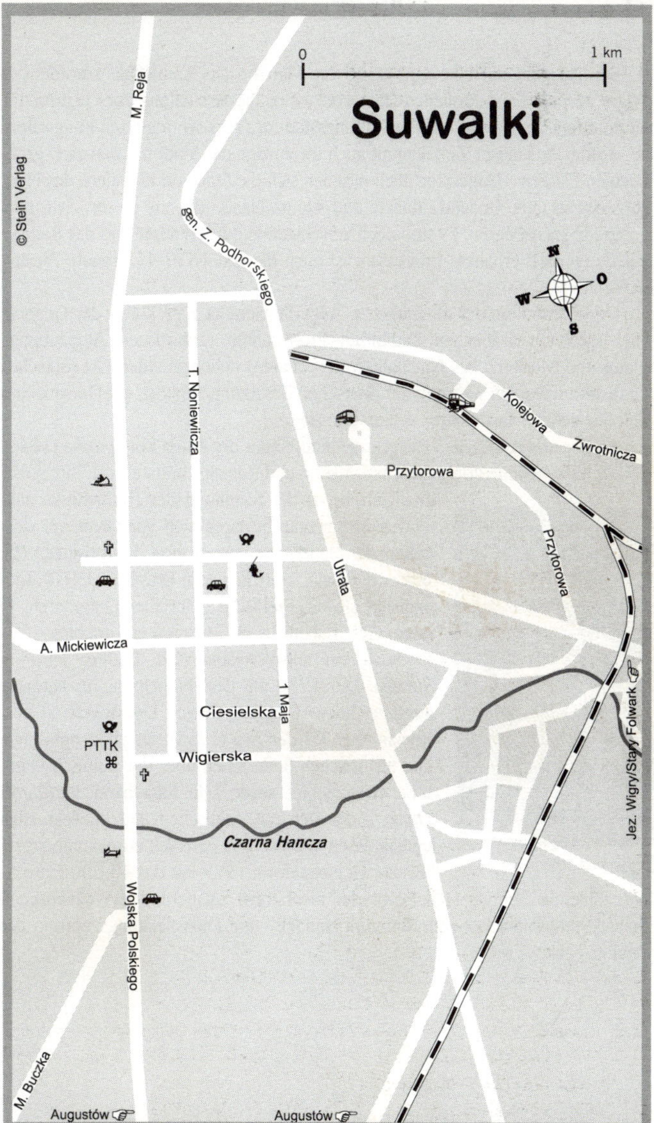

0
1 km
Suwalki
© Stein Verlag
M. Reja
gen. Z. Podhorskiego
N
O
W
S
T. Noniewicza
Kolejowa
Zwrotnicza
Przytorowa
Przytorowa
Utrata
A. Mickiewicza
1 Maja
Ciesielska
PTTK
Wigierska
Jez. Wigry/Stary Folwark
Czarna Hancza
Wojska Polskiego
M. Buczka
Augustów
Augustów

Suwalki geht auf eine Gründung der Mönche des Kamaldulenserordens in Wigry zurück. Den dörflichen Charakter verlor die Ansiedlung aber erst im 19. Jahrhundert, als Suwalki eine Verwaltungsstadt des russisch regierten Kongreßpolen wurde. Aus dieser Zeit stammt auch die Anlage der Stadt mit den zwei großzügigen Plätzen. Baugeschichtlich mischen sich die Stile von Künstlern des Neoklassizismus aus Holland, Italien und Deutschland, die zu dieser Zeit gern gesehene Gäste waren. Es sind noch verschiedene Bürgerhäuser und das Rathaus aus dieser Zeit erhalten. Interessant ist auch die von 1820-45 erbaute Alexanderkirche.

Der Friedhof an der ul. Zarzecze zeigt die vielschichtige Kultur der Gegend. Hier liegen die Gräber von Katholiken, Protestanten, Orthodoxen, Altgläubigen, Juden und Moslems (als Nachfahren der Tataren) nebeneinander. Die jüdischen Grabstätten wurden während der deutschen Besatzung zerstört, ein Denkmal aus den ehemaligen Grabplatten erinnert an sie.

An der ul. Kosciuszki 31 liegt das Geburtshaus der Marja Konopnicka (1842-1910), eine bedeutende polnische Lyrikerin und Romanschriftstellerin. Ihre sozial engagierten, zu der Strömung des Positivismus zählenden Prosawerke befassen sich vor allem mit dem Leben der Bauern. In einem ihrer Hauptwerke, *Pan Balcer w Brasilji* (Herr Balcer in Brasilien, 1910), thematisiert sie die Probleme polnischer Emigranten. In ihrem Geburtshaus ist ein Museum eingerichtet.

Alexander-Kirche in Suwalki

Auch ein anderer polnischer Dichter lebte in Suwalki: Der 1980 mit dem Nobelpreis für Literatur ausgezeichnete Czeslaw Milosz. Lesenswert ist sein Roman *Das Tal der Issa* (1955) mit philosophischen und historischen Reflexionen über das polnisch-litauische Grenzgebiet sowie sein Essayband *Verführtes Denken*, der sich mit politischen und intellektuellen Verhältnissen in Polen und der Welt auseinandersetzt.

Bis zur Gebietsreform 1999 war das 40.000 Einwohner zählende Suwalki Hauptstadt der nicht mehr existierenden Wojwodschaft Suwalki und entwickelt sich nun zum Handels- und Dienstleistungszentrum der Region.

Impressionen

Die Bevölkerung entlang der Czarna Hanzca und am Wigry-See lebt hauptsächlich von der Landwirtschaft bzw. betreibt sie als Nebenerwerb.

Die Gehöfte sind nach westeuropäischem Standard alles andere als neu und modern zu nennen. Trotzdem entbehren sie nicht einem gewissen Reiz des ursprünglichen mit Atmosphäre.

Deshalb kommt dem "Tourismus" in Form von Kanuten, die gern die angebotenen Produkte wie Eier, Milch, Brot, Obst und Gemüse frisch kaufen, immer größere Bedeutung zu.

Auch die Vermietung von Zeltstellplätzen - als besonderes Schmankerl mit Saunabenutzung, eine urig dekorierte Kellerbar oder ein prasselndes Lagerfeuer mit Grillromatik - trägt zum Nebenerwerb der Bauern bei.

2: Der Oberlauf der Czarna Hancza

Die Befahrung der Czarna Hancza ist ab dem **Jez. Hancza** möglich, wird aber auf Grund der vielen langen Umtragestellen und der Strecke durch Suwalki selten durchgeführt. Der kleine Wiesenfluß verläuft erst durch das Landschaftsschutzgebiet **Suwalski Park Krajobrazowy SPK**, dann durch landwirtschaftlich genutztes Gelände (☞ Tourenplanung).

km 0 — Der nur 3,4 km^2 große **Jez. Hancza** ist mit 108,5 m der tiefste See Polens. An der Seespitze liegt das Gehöft **Stara Hancza**. Bei...

km 4 — erreichen Sie das Ende des Sees, links der Straßenbrücke liegt das Dorf **Blaskowizna**

km 5 — Hinter der Brücke befinden sich Hindernisse im Wasser.

km 9 — Sie kommen bei **Turtul** an eine Brücke und an ein Wehr, das auf der linken Seite umtragen werden muß. Rechts der Brücke befindet Sie ein Hotel
Im Ort ist auch die Direktion des SPK, wo Sie sich über die Gegend informieren können, z.B. über das parallel zu der Czarna Hancza verlaufende interessante postglaziale Dolinental. Bei...

km 11 — erreichen Sie eine weitere Brücke und bei...

km 13 — sehen Sie links das Dorf **Podwysokie Jeleniewskie**. Am Ende des Dorfes bei...

km 14 — unterqueren Sie eine Brücke. Nach zwei km bei...

km 16 — finden Sie einen auf der linken Seite. In einem weiten Bogen fließt der Fluß durch ein Waldgebiet bis zu einer Brücke bei...

km 18 — Danach werden die Ufer sumpfig. Es folgt bei...

km 20 — eine Brücke und bei...

km 21 — noch eine Brücke. Bei...

km 23 — erreichen Sie **Potasznia,** links der Straßenbrücke ist ein

km 25 Sie erreichen **Stary Bród**, mit der Straßenbrücke nach **Novy Bród**

km 27 Links der Straßenbrücke erstreckt sich das Dorf **Krzywólka**.
Kurz hinter der Brücke ist ein Wehr, das auf der rechten Seite 50 m umtragen werden muß, dahinter eine weitere Brücke.

km 30 An der Brücke beginnt der Ortskern von **Suwalki**. (☞ Kapitel 1) Es folgen 3 weitere Brücken in der Stadt. Viele Einkaufmöglichkeiten

km 32 Wehr, rechts umtragen. Etwas weiter eine Straßenbrücke, daneben liegt das Hotel "Hancza" . Es folgt eine...

km 33 Brücke und danach eine...

km 35 Eisenbahnbrücke.
Dahinter befindet sich ein Wehr, das 100 m auf der linken Seite umtragen werden muß. Nun verlassen Sie Suwalki. Auf der linken Seite folgen an der Straße nach **Krzywe** zwei Hotels Nach einem weiteren Kilometer stehen einige Häuser nahe am Fluß. Sie können von hier aus zur **Nationalparkverwaltung** des WPN in Krzywe laufen, und dort die **Eintrittskarten** für den Nationalpark lösen.

km 40 Wehr, umtragen 50 m auf der linken Seite, dahinter Brücke.

km 42 **Sobolewo** mit Hinter der Brücke beginnt der **Wigry-Nationalpark**, ab hier gelten die Verhaltensregeln für Nationalparks. Sie durchfahren auf den nächsten 6 km das besonders geschützte **Rezerwat Czarna Hancza**.

km 48 Die Czarna Hancza mündet in den **Jez. Wigry**.

☺ **Hinweis**:
Sie können am Jez. Wigry Ihre Kanutour in
Gawrych Ruda (☞ 3)
Bryzgiel (☞ 4) oder
Stary Folwark (☞ 5) beginnen.
In Stary Folwark ist der größte Campingplatz und es stehen die meisten Mietkajaks zur Verfügung.

3: Jezioro Wigry ab Gawrych Ruda

Der kleine Erholungsort **Gawrych Ruda** erstreckt am südlichen Teil des Sees am westlichen Ufer.

Von Tartak kommend durchfahren Sie den ganzen Ort, in dem viele Privatzimmer zur Übernachtung angeboten werden, ehe Sie zum Campingplatz und dann zur Bootsvermietung mit kommen.

Etwa 200 m weiter beginnt der Nationalpark, die Straße endet nach einem weiteren Kilometer.

Beginnen Sie Ihre Tour bei der Bootsvermietung/Bar, wo Sie auch Ihr Auto im Hof des Besitzers für 5 PZL pro Tag parken können.

km 0 Folgen Sie dem nördlichen Seeufer. In den Buchten sind jeweils kleine Badestrände. Bei...

Ornithologie für Anfänger

Auch wer sonst nie Vögel beobachtet, kann beim Kanufahren einen Vogel nicht nur sehen, sondern auch erkennen: vor allem auf den Seen kommt man verschiedenen Wasservögeln nahe - beispielsweise dem kleinen schwarzen **Blesshuhn**, das seinen Namen von dem weißen Fleck oberhalb des Schnabels hat und dem, bei den Fischern oft zu Unrecht unbeliebten, weil von Fischen lebenden **Kormoran**. Auch dieser große Tauchvogel ist schwarz mit einer weißen Stelle am Schnabel. Auffällig ist seine Ruhepose: Auf ufernahen Bäumen oder Pfosten im Wasser sieht man ihn mit ausgebreiteten Flügeln sein Gefieder trocknen - als einziger Schwimmvogel fettet er sein Gefieder nicht und wird wirklich naß.

Die rot-bräunlichen **Haubentaucher** sind elegante Schwimmer und Taucher, spektakulär ist ihre Sommerfärbung, wenn sie rund um den Kopf einen Schopf bekommen. Die in Baumhöhlen brütende **Schellente** hat einen großen grünen Kopf mit weißem Backenfleck und goldene Augen. Der Rücken ist dunkel, Hals und Unterseite weiß. Auffällig und unverwechselbar sind auch die großen **Graureiher**, die im Flug ihren Hals S-förmig krümmen. Das monotone und rhythmische Krächzen des **Drosselrohrsängers** wird lautmalerisch mit Karre-Kiet umschrieben und ist entlang jedes schilfbestandenen Ufers zu hören.

km 2,5 umfahren Sie die kleine Landzunge **Lysocha**. Hinter der Landzunge beginnt ein Betretungsverbot, das auf der ganzen Uferlänge der

Halbinsel gilt. Die gesamte Halbinsel ist ein Totalreservat, in dessen Sumpfwald seltene und scheue Vogelarten und Tiere leben; hier befinden sich die seltenen "Trockenen Seen".
Wenn Sie nicht den Buchten des Sees folgen wollen, fahren Sie geradeaus bei...

km 6,5 auf die übernächste Landspitze zu. Fahren Sie um diese und um die nächste Spitze herum. Rechts vor sich sehen Sie die Insel **Brzozowe** und geradeaus weit entfernt die äußerste Landspitze der Halbinsel Wysoki Wagiel. Bei...

km 7 sind am linken Ufer Häuser, die zu einer biologischen Forschungsstation des Nationalparks gehören zu sehen. Bei...

km 8,5 erreichen Sie die Spitze der Halbinsel **Wysoki Wagiel**. Jetzt halten Sie sich nach Nordwesten und überqueren den See an der Landspitze bei...

km 10 um die tiefe Einbuchtung des Sees nach Westen nicht mitfahren zu müssen.

Folgen Sie jetzt dem östlichen Ufer. Bei...

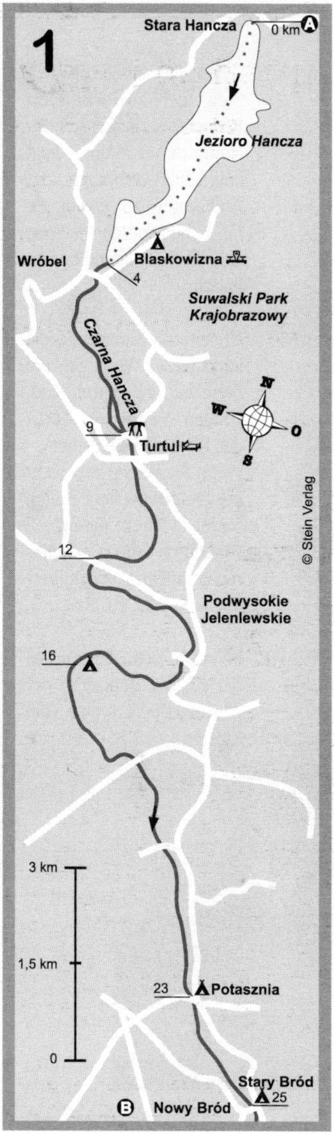

km 11 sehen Sie einen privaten Steg, der zu dem Dorf **Rosochaty Róg** gehört. Hinter der Landzunge liegt im Schilf verborgen der Anlegesteg zu einem ⛺. Ein Schild mitten im Wasser hilft Ihnen, den Platz zu finden.

km 12 Umfahren Sie jetzt die Landspitze. Wenn Sie um diese herumgefahren sind, können Sie in der Ferne das **Kloster Wigry** sehen. Wenn Sie Wigry jetzt nicht besichtigen wollen, halten Sie nicht direkt darauf zu, sondern fahren weiter rechts auf das gegenüberliegende Ufer zu. Bei...

km 13,5 befindet sich der Auslaß der Czarna Hancza in der zweiten Bucht rechts vom Kloster.

Klosterkirche Wigry

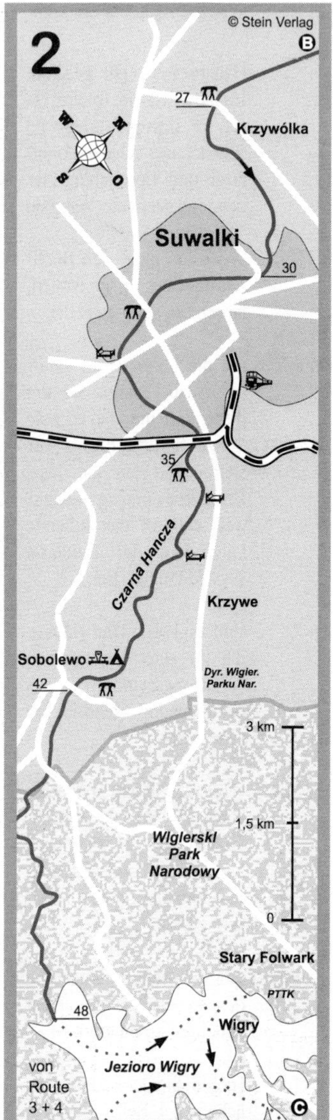

Das ehemalige Kamaldulenserkloster in Wigry

Im Jahr 1667 begannen die Mönche des Einsiedlerordens, der im 17. Jh. nach Polen kam, auf der Halbinsel Wigry eine Holzkirche, ein Kloster und ein Wirtschaftsgebäude zu bauen. Gestützt von königlichen Privilegien gedieh das Kloster im folgenden Jahrhundert. Auf seinen Gütern entstanden 30 Dörfer, darunter Suwalki (📷 Seite 65).

Die Klostergebäude wurden ausgebaut und mit zwei Mauerringen umgeben. Von 1694 bis 1745 wurde die barocke Kirche errichtet, das jüngste Gebäude des Komplexes. Die dritte Teilung Polens verhinderte die weitere Entwicklung des Klosters.

Im Jahre 1796 beschlagnahmte die preußische Regierung das Vermögen des Klosters und beschränkte seinen Grundbesitz auf die Halbinsel. Vier Jahre später wurde das Kloster geschlossen und die Mönche nach Bielany bei Warschau umgesiedelt. Das ehem. Kloster wurde für 25 Jahre zum Bischofssitz des Bistum Wigry.

Im Turm gegenüber der Nordfassade der Kirche wurde ein Krankenhaus eingerichtet, das während des Rußlandfeldzugs Napoleons 1812 zum Lager für Tausende von Kriegsgefangenen wurde. Nach der Verlegung des Bischofsitzes nach Sejny wurden die Klostergebäude zur Pfarrei. Ab 1829 wurde die Kirche zwar renoviert, gleichzeitig aber die meisten Gemälde und Kunstwerke und sogar der Hauptaltar in benachbarte Kirchen umgesetzt. Teile der Klostergebäude wurden versteigert, so daß 1880 kaum noch etwas von dem Gebäudekomplex übrig war.

Während des Ersten Weltkrieges wurden alle Gebäude zerstört. Der Wiederaufbau wurde 1922 begonnen und 1929 im halbfertigen Zustand abgebrochen.

Im Zweiten Weltkrieg wurden die Kirche und die übrigen Gebäude durch Artilleriebeschuß zerstört. Bereits 1945 bis 1949 wurde die Kirche wieder aufgebaut und Restaurierungsarbeiten an den übrigen Gebäuden durchgeführt. Besonders sehenswert ist die Krypta der Kirche, wo neben der Grabstätte des ersten Bischofs von Wigry die sterblichen Reste von Ordensbrüdern zu sehen sind, die ohne Sarg in die Nischen gelegt wurden. Dazu paßt das Memento mori in der Gruft. Das Wandbild zeigt ein Skelett, das einen Mönch in den Tod führt.

Seit 1973 wird in Zusammenarbeit der katholischen Kirche und des Kultusministeriums ein Teil des ehemaligen Klosters als "Haus der kreativen Arbeit" genutzt und zu einer Begegnungsstätte für junge Künstler ausgebaut.

1994 wurde mit einer Generalrestaurierung begonnen, die im Frühjahr 1999 dank einer Geldspritze anläßlich des zweitägigen Papstbesuches vorzeitig beendet werden konnte. Die Häuser der Eremitage dienen als Hotel mit 120 Betten.

🛏 Dom Pracy Twórczej, 16400 Suwalki/Wigry, ☎ 087/5164249, ✕

4: Der Jez. Wigry ab Bryzgiel

km 0 Von **Bryzgiel** aus halten Sie sich zwischen den Inseln **Ostrów** und **Ordów**. Rechts sehen Sie die Insel Ostrów, auf der Spuren der Ureinwohner dieser Region aus dem Neolithikum entdeckt wurden. Danach fahren Sie bei...

km 2 an der Insel **Krowa** vorbei. Wenn Sie dem Seeufer nach Süden folgen, finden Sie bei...

km 3 einen ▲ Ansonsten fahren Sie am rechten Ufer nach Nordosten. Bei...

km 3,5 hinter der Landspitze **Jurkowy Róg** sehen Sie bei...

km 4,5 die Insel **Brzozowe**. Fahren Sie rechts vorbei, in der südlichen Ausbuchtung liegt bei...

km 6 ein ▲ in der Nähe von **Cerwony Krzyz**. Nach der Insel **Kamien** halten Sie auf die Landspitze **Wysoki Wagiel** zu, ab...

km 7 folgen Sie der Route von Gawrych Ruda (km 8,5: Spitze der Halbinsel Wysoki Wagiel).

5: Der Jez. Wigry ab Stary Folwark

Stary Folwark ist ein Erholungsort und Zentrum für Wassersport mit dem Osrodek Turystyki Wodnej PTTK, Kajakvermietung, Ferienhäuser.

km 0 Fahren Sie nach Südosten in Richtung Wigry und rechts an dem Kloster vorbei und um eine Landzunge herum. Falls Sie die Klosteranlage **Wigry** nicht schon besichtigt haben, sollten Sie jetzt die Gelegenheit nutzen. Bei...

km 1,5 finden Sie den Ausfluß der Czarna Hancza.

6: Der Hauptlauf der Czarna Hancza

km 0 An einer Fußgängerbrücke verläßt die Czarna Hancza den Jez. Wigry und mündet in den kleinen **Jez. Postaw**. Auf der rechten Seite tauchen drei hölzerne Bootshäuser der Nationalparkverwaltung auf. Geradeaus sind zwei kleine Schilfinseln zu sehen (Seite 65).

km 1 Die Czarna Hancza verläßt den See auf der Höhe zwischen den beiden Inseln. Nach dem kleinen See fließt der Fluß gar nicht langsam. Im klaren und seichten Wasser sind verschiedene Wasserpflanzen zu sehen.

Ein-Blick ins Wasser

Das klare Wasser der Czarna Hancza bietet zur Sommerzeit auch ohne Tauchausrüstung schöne Einblicke in die "Unterwasserwelt" mit ihren Pflanzen und Tieren.

Besonders auffällig sind die fast giftgrünen, großen Blätter des **Wassersalats**. Häufig sind auch die verschiedenen **Laichkräuter**. Das dunkelgrüne **Krause Laichkraut** hat langestreckte, abgerundete Blätter und dient wie der **Flutende Hahnenfuß**, dessen Stengel mehrere Meter lang werden kann, in der schnellen Strömung als Versteck- und Laichplatz für viele Fischarten.

An den strömungsarmen Flußerweiterungen gedeiht die von der Verlandung profitierende **Weiße- und Gelbe Seerose**. Nur der kleinste Teil der bis zu 3 m langen Pflanze ist über der Wasseroberfläche mit den schönen Blüten und einigen Blättern sichtbar. Von Stegen oder vom Boot aus können Sie auch verschiedene Tiere sehen. Direkt unter der Oberfläche stehen Schwärme der kleinen **Hasel** in der Strömung, silbern glänzende, langgestreckte Fischchen, die wie die **Forelle** von Anflugnahrung leben. Den gleichen Lebensraum bevorzugt auch die etwas dunkler, mit gelben Tupfen gefärbte **Elritze**.

Am Rand, etwas außerhalb der Strömung, halten sich in kleinen Gruppen die **Plötzen** mit rötlichen Flossen auf, die in allen Gewässern ihren Lebensraum finden. Ähnlich, aber ohne Färbung sieht der seltene **Schneider** aus. Etwas tiefer stehen die **Barsche**, zu erkennen an ihrer markanten, dunkel-gestreiften Zeichnung. Auf dem sandigen Grund leben **Gründlinge**, ihre abgeflachte Form und zwei Barteln zeugen von ihrem Lebensraum am Boden. Hinter Steinen versteckt sich die **Groppe** oder **Mühlkoppe**. Sehr oft kommen auch **Krebse** vor, die über den Sandboden wandern und rückwärts davonschwimmen, sobald man sich nähert. Früher lagen an den Gewässern der Region Betriebe, die den Fluß- oder **Edelkrebs** züchteten und bis nach Berlin lieferten.

Diese Krebsart ist aber auf Grund der Anfang des Jahrunderts aus Amerika eingeschleppten Krebspest in **Europa** fast ausgestorben.

Im Wasser können Sie auch verschiedene Insekten beobachten: z.B. den räuberisch von Fischchen lebenden Gelbrandkäfer, der mit dem gelben Rand auf seinem schwarzen Körper genauso aussieht wie er heißt - oder verschiedene, sich von Fischbrut ernährende Libellenlarven. Aus den Larven entwickeln sich so schöne Exemplare wie die Gebänderte Prachtlibelle, deren Männchen in einem metallischen Blau und die Weibchen metallisch grün glänzen, und deren Vorkommen als Indikator für eine gute Wasserqualität gilt.

km 1,5 Eine Betonbrücke taucht auf und dahinter eine Fischhälteranlage, die rechts oder links umfahren werden kann. Pfähle, vermutlich die Reste einer alten Brücke, stehen neben den Betonsockeln der neuen Brücke. Nach einer Rechtskurve taucht auf der linken Seite ein auf. Wenn Sie sich an dieser Stelle umdrehen, können Sie hinter sich durch das Schilf am rechten Ufer eine Biberburg sehen.

km 2 Der Schilfgürtel wird schmaler und hinter leicht bewaldeten Ufern tauchen Wiesen und Weiden auf, die teilweise bis an den Fluß heranreichen. Das Wasser ist glasklar und manchmal kann man einen größeren Findling darin entdecken. In den nächsten zwei km folgen rechts und links vier

km 4,5 Am linken Ufer taucht ein Gehöft auf. Der Fluß mäandert durch einen breiten Schilfgürtel, der fast das ganze Tal ausfüllt.

km 5,5 Links befindet sich ein denkmalgerecht restauriertes Gehöft mit einem Privatsteg.

km 7 Der Fluß scheint sich in zwei Arme zu teilen, am gegenüberliegenden Flußufer ist das erste Gehöft mit einem grauen Stallgebäude von **Mackowa Ruda** sichtbar. Hier biegen Sie links ab, wenn Sie nicht den toten Flußarm rechts erforschen wollen. Am rechten Ufer ist ein ausgeschildert, in dem dazugehörenden Hof ist ein mit verblüffend großem Angebot und hilfsbereiter Bedienung.

Die nächsten 10 Minuten fahren Sie mitten durchs Dorf und an drei weiteren vorbei.

km 7,5 Die Betonstraßenbrücke mit guter Landemöglichkeit markiert das Ende des Dorfes. Die Ufer sind wieder bewaldet und die Czarna Hancza fließt ein weiteres Stück durch den Wigry Nationalpark.

km 9 Sie fahren direkt auf einen großen und schönen mit großem Steg, Sandstrand und mehreren kleinen Lichtungen zum Zelten zu; der Platz wird vom Nationalpark geführt.

Etwa 600 m weiter finden Sie einen ebenfalls schön gelegenen privaten

km 10 Der Fluß wendet sich nach Süden und verbreitert sich zu einem Schilfwald mit Inselchen und Kanälen. Der Hauptstrom ist am linken Ufer. Bei...

km 11 finden Sie eine Fußgängerbrücke. Auf der linken Seite ist das Dorf **Buda Ruska** zu sehen. Am Ende des Ortes ist ein

Die landwirtschaftlichen Flächen rund um den Ort treten zurück und der Fluß führt wiederum in ein Waldgebiet. Die Ufer sind jetzt mit dichtem Schilf bestanden (Seite 68).

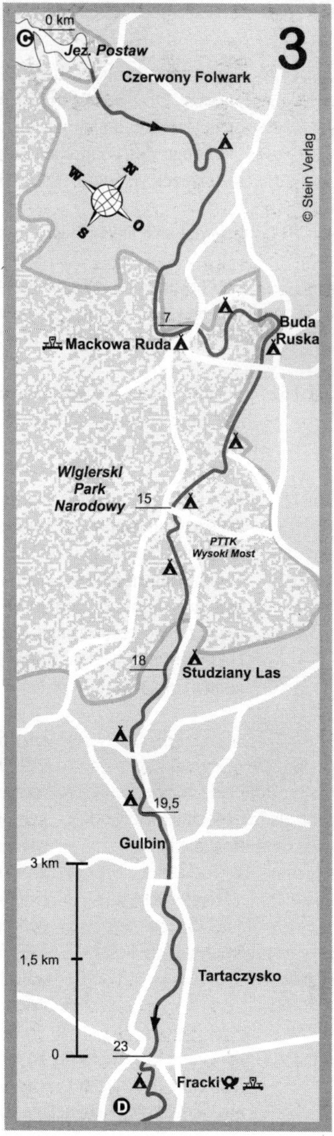

km 11,5 Ein guter unter drei Bäumen wird auch gern von Schwänen genutzt. Der Fluß ist immer noch sehr seicht und immer wieder sind Schilfinseln zu umfahren. Man kann sich vorstellen, daß der Fluß ohne die Pflege des polnischen Kajakverbands leicht durch Äste und Wasserpflanzen versperrt werden könnte. Bei...

km 13 befindet sich links ein weiterer des Wigry Nationalparks.

km 15 Betonbrücke von **Wysoki Most**. Links davor ist eine gute Anlegemöglichkeit. 200 m weiter ist auf der linken Seite das Gelände der PTTK-Station "Wysoki Most" mit und Ferienhütten.

km 16 Beginn einer schilfigen Durchfahrt durch ein enges, bewaldetes Tal. Auf einer Anhöhe rechts ist ein und kurz darauf verlassen Sie den Wigry Nationalpark.

km 18 Der Fluß teilt sich bei den ersten Höfen von **Ciemny Las**, das nach wenigen hundert Metern in **Studziani Las** übergeht, in zwei Arme. Der linke führt am Dorf vorbei, der rechte an Weiden und Wiesen. An zwei Stellen können Sie vom einen zum anderen Flußarm wechseln. Im Dorf gibt es mehrere und in der Hauptsaison Gelegenheit, von den Bäuerinnen selbstgebackenen Kuchen, eingelegte Pilze und Gurken und Feldfrüchte zu kaufen. In der Mitte des Dorfes überquert eine tiefliegende Fußgängerbrücke beide Flußarme.

☺ In dieser Gegend haben die meisten Höfe eine eigene kleine Sauna als freistehendes Gebäude neben dem Wohnhaus. Bei schlechtem Wetter nehmen Sie sich einen der Biwakplätze, die mit einem Schild "Sauna" werben und genießen Sie die holzgeheizte Wärme.

km 19 Der Fluß teilt sich wieder und überläßt Ihnen die Wahl, ob sie sich lieber am rechten oder linken Ufer halten. Nach wenigen hundert Metern fließen die beiden Arme wieder zusammen. Am rechten Ufer ist ein großer Kurz danach fahren Sie unter der Holzbrücke durch, die **Studziany Las** und **Sernetki** miteinander verbindet. Am linken Ufer tritt der Wald wieder bis an den Fluß heran, während auf dem rechten Ufer Felder und Wiesen liegen.

km 19,5 An einem kleinen Zulauf ist rechts ein Steg mit einem kleinen Wenn man dort übernachtet, zeigt einem der Bauer eine Trinkwasserquelle, aus der wir ohne nachteilige Folgen mehr als 20 Liter getrunken haben.

km 20,5 Rechts hat eine einfallsreiche Familie ihr Wassergrundstück zu einer einladenden 🍸 Grillbar umgebaut und für Wasserwanderer einen bequemen Steg errichtet. Links sieht man den Ort **Gulbin**.

Kurz darauf folgt eine Eisenbahnbrücke und eine Betonbrücke. Zwischen den beiden Brücken kann man gut aussteigen. Kurz hinter der Brücke ist rechts in dem Ort **Tartaczysko** ein ⛺ Bei...

km 23 erreichen Sie die große Straßenbrücke von **Fracki** an der Landstraße von **Sejny** nach **Augustów**. Direkt rechts vor der Brücke ist die beste Anlegestelle.
Links über die Brücke finden sie zwei 🍴 und eine ☎ Telefonzelle, rechts von der Brücke eine 📯 Poststelle.

Kurz darauf liegt an der rechten Uferseite ein großer ⛺ mit Anlegesteg und im Halbrund angeordneten überdachten Tischen und Bänken.

Die sandigen Ufer werden steiler und ein Schild des polnischen Angelvereins PZW weist darauf hin, daß der folgende Flußabschnitt der Forellen- und Äschenregion angehört, was auf eine flottere Strömung und kälteres, nährstoffarmes Wasser hindeutet.

km 26 Die Czarna Hancza fließt wieder in ein Nadelwaldgebiet. Auf der linken und rechten Seite folgen innerhalb weniger hundert Meter die PTTK-Station "Fracki" und zwei große und schöne ⛺ aufeinander.

km 27,5 An einer Rechtskurve liegt ein Gehöft mit drei Häusern. Auf der dazugehörenden Wiese darf man ⛺ zelten.

km 28 Am rechten Ufer befindet sich ein schattenfreier ⛺ mit Steg und Sandstrand. Der Biwakplatz liegt auf einer kleinen Anhöhe und besticht durch seinen schönen Blick auf das Schilftal, durch das sich die Czarna Hancza die nächsten Kilometer windet.
Hinter dem Biwakplatz ist ein schöner und pilzreicher Wald, der nicht zuletzt deswegen geheimnisvoll wirkt, weil er entlang der Felder mit einem 3 m hohen Bretterzaun eingegrenzt ist. Da wir vorher schon Zäune zwischen Wald und Feldern beobachtet haben, und teilweise sogar Hunde in fast erntereifen Feldern angeleint werden, vermuten wir, daß Wildschweine gerade zur Erntezeit nicht unbeträchtliche Schäden anrichten.

Der Wald tritt wieder zurück von den Ufern. Rechts und links wächst ein breiter sumpfiger Schilfgürtel. Da man nur in der Ferne Bäume sieht, vergißt man leicht, daß man in Wirklichkeit durch ein riesiges zusammenhängendes Waldgebiet fährt.

km 31,5 Eine hölzerne Feldwegbrücke führt links nach **Okolek** und rechts nach **Strzelcowizna**. Ein Pfeil nach rechts macht auf ein in 1 km Entfernung aufmerksam. Das ist die letzte Einkaufsmöglichkeit bis zum Abzweig auf den Kanal Augustowski.
200 m weiter fahren Sie mit einem Mäander fast im Kreis, am rechten Ufer ist in der Hauptsaison eine kleine Open-Air-Grillbar.

km 33 Sie fahren an den Bauernhöfen von **Hancza** vorbei.

km 35 Nach der **Försterei Loski** passieren Sie eine Betonbrücke. An der Brücke ist ein alter Entfernungshinweis angebracht: Zurück nach Fracki sind es 11 km, bis zur **Försterei Jalowy Róg** 9 km. Auf der rechten Seite direkt hinter der Brücke ist ein Strand als Landeplatz geeignet, weiter oben liegt ein mit mehreren überdachten Tischen.

km 36 Etwas weiter hört der offene, landwirtschaftlich genutzte Streifen längs des Flusses auf, und der Wald reicht bis zum Fluß heran. Hin und wieder liegt ein Baum im Wasser, aber alle Hindernisse sind ohne Probleme umfahrbar. Hier beginnt der vielleicht schönste Teil der Czarna Hancza, in engen Mäandern fließt der Fluß durch eine ursprüngliche Waldlandschaft.
Auf den nächsten 3 km finden Sie in den Biegungen auf Waldwiesen viele wunderschöne (Seite69).

Achtung: Im Gegensatz zu den betreuten Plätzen holt ab hier niemand den Müll ab! Bitte nehmen Sie deswegen unbedingt ihren Abfall wieder mit, auch wenn andere Schmutzfinken vor Ihnen ihren Müll liegengelassen haben.

km 39,5 Auf der linken Seite sehen Sie einen ausgetretenen Sandhang mit einigen abgestürzten Bäumen. Oben befindet sich auf einer großen Wiese der Platz eines Pfadfinderlagers. Hinter dem Lager ist ein breiter Streifen, auf dem man besser nicht spazieren geht, da hinter jeden Baum schon mal ein Pfadfinder mit heruntergelassener Hose gehockt hat.

km 40. Vor allem auf der linken Seite können Sie immer wieder riesige alte Eichen sehen.

km 43 Eine weiße Hütte taucht auf der rechten Seite auf. Sie gehört zu der PTTK-Station **Jalowy Róg** deren Anlegesteg aber erst hinter der Flußbiegung ist. Über eine Steintreppe gelangt man zur Anmeldung nach oben (S. 69).

km 43,5 Eine steile Böschung auf der linken Seite.

km 45,5 Die beiden Straßenbrücken von **Rygol** kommen in Sicht. Sie müssen unmittelbar vor der ersten Straßenbrücke scharf rechts abbiegen und ca. 200 m rechts neben der Straße entlang paddeln. Ein verblichener Pfeil an der Brücke weist die Richtung.

Falls Sie doch falsch fahren, sind Sie in das Flüßchen **Szlamica** abgebogen, das nach Weißrußland (Belarus) fließt. Sie werden nach gut 1 km in Rygol von einem Wehr aufgehalten.

An der Straße links in Richtung Rygol nach 1 km Entfernung

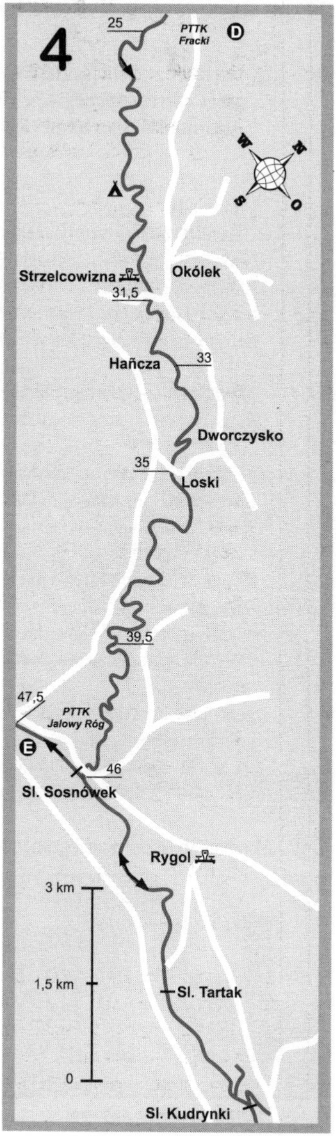

▶ Nach der zweiten Brücke sehen Sie rechts und links bereits eine kanalartige Uferbefestigung. Nach weiteren 200 m stoßen Sie auf den Kanal Augustowski. Hier biegen Sie wiederum rechts ab.

Abstecher an die weißrussische Grenze

km 0 Nach links folgt der Kanal dem Flußbett der Czarna Hancza nach Weißrußland (Belarus) bis zum Niemen (Memel). Es ist möglich, den Kanal bis zur Grenze zu befahren, die Schleusen sind aber nicht mehr in Betrieb. Nach einigen Kurven erreichen Sie bei...

km 4 die Schleuse Tartak, die Sie auf der linken Seite ca. 50 m umtragen müssen. Hier gibt es einen ▲ Bei...

km 6,5 geht links ein Altarm ab, halten Sie sich geradeaus in die seeartige Erweiterung des Kanals, mit ▲ am rechten Seeufer. Am anderen Ende sehen Sie bei...

km 7 die Schleuse Kudrynki mit Straßenbrücke, die Sie ebenfalls ca. 50 m links umtragen. Von hier aus sind es 2 km zu Fuß nach Rudawka, wo es ein gibt. In der Nähe des Dorfes liegt die verfallene Schleuse Kurzyniec, die sich genau auf dem Grenzstreifen befindet. Bei...

km 8 geht links ein Altarm zum Forsthaus Lipiny ab. Wenn Sie dem Kanal geradeaus folgen, sind es noch 700 m bis zur weißrussischen Grenze, die selbstverständlich nicht betreten oder befahren werden darf.

Von hier ab ist der Kanal gesperrt und markiert auf mehrere Kilometer den Grenzverlauf. Auf diesem Abschnitt ist die Grenze zumindest von polnischer Seite nicht streng bewacht. Das sollte aber nicht darüber hinwegtäuschen, daß hier an der Ostgrenze des "Hauses Europa" ein Zusammentreffen mit polnischen oder weißrussischen Grenzern die Urlaubsfreuden beträchtlich schmälern kann.

Verfallene Schleuse Kurzyniec

7: Kanal Augustowski

Nach der Niederlage Napoleons wurde auf dem Wiener Kongreß 1815 die Wiedergründung des von der Landkarte verschwundenen Königreichs Polen beschlossen. Dieses konstruierte Gebilde hatte keinen Zugang zur Ostsee mehr. 1823 erhob Preußen Strafzölle auf Waren aus Polen und Rußland, und machte so den Warenverkehr nach Westen und in die Hansestadt Danzig unrentabel.

Man versuchte diesem Zollkrieg zu entgehen, indem man durch den Bau einer neuen Wasserstraße, die die Weichsel mit der Memel und somit mit der Ostsee verbindet, das preußische Territorium umging.

Der Kanal wurde von General Pradzynski entworfen und 1823-1839 unter unglaublichem Einsatz von menschlicher Arbeitskraft und finanziellen Mitteln gebaut. Es kamen die damals modernsten Techniken und Werkstoffe, wie im Wasser abbindender Beton, zum Einsatz.

Der Wasserweg ist von der Schleuse Dbowo (Biebrza) bis zur Schleuse Niemnowo (Memel) 102 km lang und verbindet geschickt eine Reihe von natürlichen Seen, um die Strecke passierbar zu machen.

Mit Hilfe von 18 Schleusen wird eine Wasserscheide überwunden. Wenn Sie von der Czarna Hancza kommen, werden Sie erst aufwärts geschleust, ab der Schleuse Swoboda wieder abwärts.

Bei der Planung des Kanals wurde als alternative Streckenführung auch der Ausbau der Biebrza in Erwägung gezogen, doch schon damals ließ man die Finger von dem Sumpfgebiet, so daß dieser Naturraum auch heute noch weitgehend ursprünglich erhalten ist.

Die wirtschaftliche Bedeutung des Kanals blieb aber gering, da sich Preußen schnell dazu entschloß, die alten Zollsätze wieder einzuführen und so der kürzere und billigere Weg in den Westen wieder offen war. Dies führte auch dazu, daß der Kanal letztendlich nie in der geplanten Form fertiggestellt wurde.

Bis vor kurzem diente er noch der Flösserei von in der Puszta Augustowski geschlagenem Holz, doch scheint sich auch hier der Lkw-Transport durchzusetzen. So dient der Kanal heute dem Wassersport und Ausflugsverkehr der Weißen Flotte. Auf polnischer Seite ist er noch vollkommen intakt, die Schleusen werden gewartet und z.T. liebevoll unter Verwendung der originalen Baumaterialien restauriert, auf weißrussischer Seite sind die Schleusen stark zerstört und der Kanal dem Verfall preisgegeben.

☺ Besuchen Sie das kleine, aber feine Museum zur Geschichte des Kanals in ☞ Augustów. Hier finden Sie einen Überblick über seine Baugeschichte und Bauweise. Interessante historische Fotos zeigen die Flösserei auf den Kanal und schon in den 20er-Jahren war der Wasserweg Anziehungspunkt für Kanuten.

Nach 200 m auf dem Kanal erreichen Sie bei...

km 46 die erste **Schleuse Sosnówek** (erbaut 1828, Schleusdauer ca. 25 Minuten). Der Schleusenwärter wohnt in dem Häuschen links oben auf dem Hügel. Links hinter der Schleuse ist ein ⛺ - ein Schild neben einer Wasserpumpe weist darauf hin, das Wasser abzukochen.

Kurz danach erreichen Sie bei...

km 47,5 eine Straßenbrücke und die **Schleuse Mikaszówka** (erbaut 1826, Schleusdauer etwa 22 Minuten). Rechts neben der Schleuse ist ein Imbiß 🍸, der auch Lebensmittel 🛒 und frisches Gemüse verkauft. Die eigentlichen 🛒 des Ortes finden Sie, wenn Sie hinter der Schleuse den kleinen See überqueren und an dessen linkem Ufer an Land gehen (📷 Seite 72)

⛺ nach 300 m auf der rechten Seite.

- Das Schleusen kostet pro Kajak 2,50 PZL.
- Schleusenzeiten sind von 7:00-15:00 - danach, sowie an Sonn- und Feiertagen und wenn Sie allein geschleust werden wollen, kostet es das Doppelte.
- An allen Schleusenstationen hängen große Preistafeln aus.

km 48 Wo sich der Kanal zum **Jez. Mikaszówek** erweitert, liegt rechts eine Anlegestelle mit ⛺ auf einer Wiese, die allerdings auch mit Autos zugänglich und deshalb in der Hauptsaison voller Dauercamper ist. Folgen Sie nun dem rechten Seeufer. Bei...

km 49,5 finden Sie den durch ein schwarz-weiß gestreiftes, auf die Spitze gestelltes Quadrat markierten Durchstich zum **Jez. Mikaszewo**. Nach etwa 150 m erreichen sie den großen See.

⛺ an der rechten Kanalseite (mit Auto erreichbar). Wenn Sie dem linken Seeufer folgen, gelangen Sie nach ca. 1 km zu einem sehr großen Campingplatz 🚐⛺

Das restliche linke Seeufer gehört zum **Reservat Perkuc** in dem ein wertvoller Teil des Waldes aufgrund seines botanischen Artenreichtums geschützt wird und wo Zelten verboten ist.

Entlang des gesamten rechten Seeufers hingegen befinden sich mehrere kleine und große ⛺

km 52,5 Die Ausfahrt in den Kanal ist wieder mit einem Quadrat markiert. Am Anfang des Kanals ist beim Warnschild vor einer Stromleitung auf der linken Seite ein ⛺

km 53,5 **Schleuse Perkuc** (gebaut 1826, Schleusdauer 22 Minuten). hinter der Schleuse.

Um den **Jez. Krzywe** zu überqueren, fahren Sie links an den Schilfinseln vorbei, um dort brütende und Schutz suchende Wasservögel nicht zu stören. Zwei am linken Seeufcr. Am anderen Ende des Sees sehen Sie bereits die **Doppelschleuse Paniewo** (erbaut 1826, Schleusdauer 30 Minuten), die Sie bei...

km 55,5 erreichen. Das Schleusen kostet hier doppelt so viel, wie bei den anderen Schleusen. Es gibt kein Geschäft, aber wenn Sie 50 m auf der Straße nach links gehen, finden Sie einen Imbiß, der auch Getränke verkauft.

Hinter der Schleuse paddeln Sie nach 200 m an einem ✕ mit Anlegestelle und Biergarten vorbei, das viele Arten frittierter Süßwasserfische anbietet.

Kurz darauf erreichen Sie den **Jez. Paniewo**. Am rechten Ufer ist in einiger Entfernung ein großer Campingplatz zu sehen. Zur kürzesten

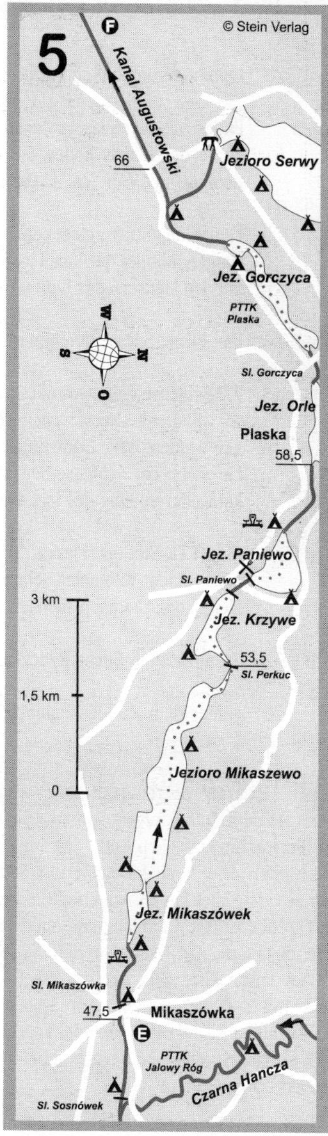

Durchquerung halten Sie sich aber am linken Ufer. Bei...

km 57 finden Sie die etwas versteckte Ausfahrt aus dem See. Nach der Linkskurve des Kanals finden Sie einen privaten ⛺ mit Anlegesteg, von dem aus der Weg (ca. 150 m) zu einem ausgeschildert ist.

km 58,5 Hinter der hoch gelegenen Fußgängerbrücke mit weiß-roten Markierungen mündet der Kanal in den **Jez. Orle**. Am rechten Ufer kann man bei den Häusern des Dorfes zelten ⛺

km 60 Der kleine See ist durchquert und es geht weiter auf einem Kanal.

km 61,5 **Schleuse Gorczyca** mit Straßenbrücke (erbaut 1826, Schleusdauer 20 Minuten). Die Schleuse wird seit 1998 renoviert und muß umtragen werden, bzw. Bootswagen stehen zur Verfügung.
Links von der Schleuse liegt das Dorf **Plaska** und ein Kiosk 🍷 Etwa 1 km weiter entlang des **Jez. Gorczyckie** ist bei...

km 62,5 die PTTK-Station "Plaska" 🍷 mit Campingplatz
Nach einem Kilometer sehen Sie am rechten und linken Ufer große Zeltplätze, die hauptsächlich von Gruppen benutzt werden.

km 65,5 ⛺ am Zufluß **Sucha Rzeczka.**

Hinter dem Zufluß beginnt ein 3,5 km langes, zur Meditation anre-

Abstecher zum Jez. Serwy

Wenn Sie dem Zufluß folgen, kommen Sie nach gut 1 km zu dem langgestreckten Jez. Serwy. Am südlichen Ende des Sees ist ein Wehr an einer Straßenbrücke zu überwinden. Hier liegt der kleine Ort **Sucha Rzeczka** mit einer alten Mühle, die aber seit den 20er Jahren nicht mehr in Betrieb ist.

Der See ist fast 7 km lang und hat drei Inseln. Am rechten Ufer befinden sich viele ⛺ und der Ort **Malowiste** mit ✕

Am linken Ufer liegt auf der Insel Dbowa die PTTK-Wasserwanderstation Serwy mit 🍷 ⛺ und Ferienhäusern; hinter der Insel liegt der Ort Serwy ⛺

Von hier aus sind es 13 km über Land nach Bryzgiel am Jez. Wigry. Es verkehrt ein 🚌 nach Suwalki und man kann bei der PTTK oder im Dorf auch einen Boottransport organisieren.

Das Kloster Wigry vom Kanu aus (Seite 51)

Bootshaus des WPN am Jez. Postaw

gendes, schnurgerades Stück des Kanals (Kapiteltitel Seite 32). Beide Ufer sind von sandigen Dämmen begrenzt, so daß es nur auf dem ersten Stück möglich ist, auszusteigen. Bei...

km 66 erreichen Sie eine Straßenbrücke. Entlang der nächsten 700 m liegen am linken Ufer noch einige Gehöfte, dann tritt der Kanal in den Wald ein.
Hinter dem letzten Gehöft ist ein ehemaliger Zeltplatz auszumachen. Die Anlegestelle und Treppen zum Platz sind vielleicht wegen der seltenen Befahrung dieses Kanalabschnitts verfallen, aber der Platz ist sehr schön und ruhig. Am rechten Ufer steht ein beeindruckender Nadelmischwald mit altem Tannenbestand. Die Böschungen des Kanals sind dicht mit Büschen zugewachsen.

km 69 Später weist der Kanal einige Kurven auf; nach dem dritten Knick verbreitert er sich zu einem kleinen See.

km 71 **Schleuse Swoboda** (erbaut 1827, Schleusdauer 18 Minuten). Bis hierher ist man in allen Schleusen hochgeschleust worden. Mit dem gerade durchfahrenen Verbindungsstück zwischen dem Jez. Orle und dem Jez. Studzieniczne ist der höchstgelegene Abschnitt der Wasserstraße erreicht. Um auf das Niveau des Jez. Studzieniczne zu kommen, wird man heruntergeschleust. Hinter der Schleuse führt ein 1 km langer Kanal zu dem **Jez. Studzieniczne**. Bis zu diesem See fahren die Ausflugsschiffe der Weißen Flotte von Augustów.

km 72 entlang beider Ufer. Am linken Ufer in ca. 1 km Entfernung liegt die PTTK-Wasserwanderstation "**Swoboda**" mit
Zur kürzesten Überquerung des Sees halten Sie sich eher am rechten Ufer und auf die deutlich erkennbare Landspitze mit zu.
Dahinter sehen Sie eine kleine Insel, auf der sich das Naturschutzgebiet **Rezerwat Brzozowy Grad** befindet, in dem u.a. die Orchidee Frauenschuh wächst. Hinter der Insel sehen Sie bei...

km 76 die Schleuse **Przewiez** (erbaut 1827, Schleusdauer 13 Minuten) mit der Straßenbrücke Augustów-Fracki-Sejny. Einfahrt in den **Jez. Bialy**. Hinter der Einfahrt befidet sich am rechten Ufer ein langgestreckter Badestrand, mit mehreren Ferienzentren und entlang der Straße gibt es

☹ Der See ist für Motorboote zugelassen, so daß immer irgendwelche Sport- und Anglerboote unterwegs sind und so eine ununterbrochene Geräuschkulisse schaffen.

Entlang des rechten Ufers liegt ein ⛺ neben dem nächsten. Zur Überquerung des Sees halten Sie sich am linken Ufer und fahren um die Landspitze bei...

km 78 Danach orientieren Sie sich an der Landspitze am rechten Ufer bei...

km 80,5 und ab der Landenge folgen Sie wieder dem linken Ufer. Sie erkennen hinter der Halbinsel bereits die Häuser von Augustów-Lipowiec.
Hinter den nächsten Landzunge liegt bei...

km 82 ein großer *Osrodek* ⛺ mit Bootshaus. Von hier aus ist es nur knapp 1 km zum Bahnhof von **Augustów** (die Innenstadt ist vom Bahnhof über 3 km entfernt).

Am gegenüberliegenden Ufer der Bucht sehen Sie bei...

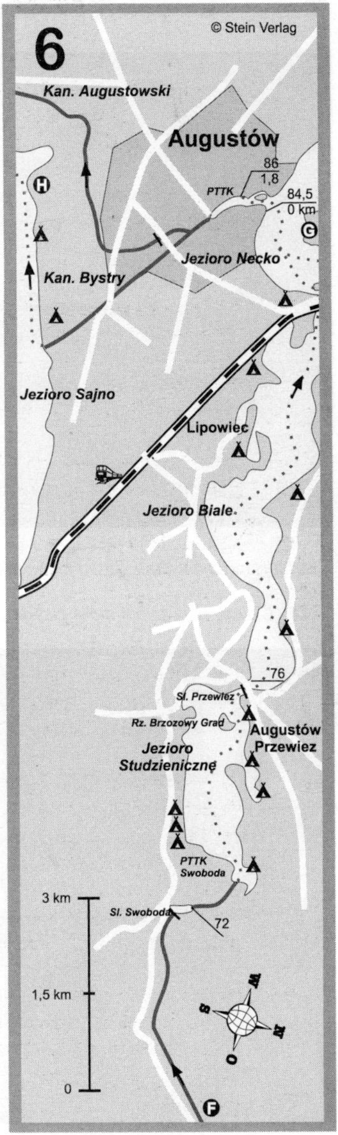

Czarna Hancza bei Buda Ruska (Seite 55)

Die Czarna Hancza hat meist glasklares Wasser und dichten Pflanzenbewuchs

Gänse auf der Czarna Hancza bei Jalowy Róg (Seite 59)

Eine Waldwiese lädt bei km 38 zum Zelten ein (Seite 58)

km 82,5 das Gebäude des ehem. Offiziers-Yachtclubs aus dem Jahr 1935. Lassen Sie das Gebäude links liegen und fahren Sie zum Ende des Sees weiter.

km 83,5 Hier folgen Sie dem Stichkanal unter den Straßen- und Eisenbahnbrücken Augustów-Suwalki in den **Jez. Necko**.

Wenn Sie nach Augustów hineinfahren wollen, halten Sie sich am linken Seeufer mit mehreren Erholungseinrichtungen und Hotels und biegen nach 2 km bei...

Ein Schwätzchen unter Paddlerinnen

km 85,5 in den Kanal Augustowski ein. Nach ca. 500 m sehen Sie am rechten Ufer die PTTK-Station **Augustów** mit 🛏 🍴 🍷 ⛺ (📷 Seite 77).

Wenn Sie auf dem Kanal Augustowski weiterfahren wollen, überspringen Sie Kapitel 8 und lesen Sie bei ☞ 9: Augustów weiter.

8: Rückroute Rospuda-Szczeberka-Blizna zum Jez. Blizno

Wenn Sie die abenteuerliche und sehr anstrengende Rückroute zum **Jez. Blizno** fahren wollen, dann biegen sie nach dem km 83,5 rechts in den **Jez. Rospuda** ab. Bei...

km 1 sehen Sie am rechten Ufer ein 🛏 mit 🍴, etwas weiter folgen zwei ⛺

km 4,0 Am nördlichen Ende des Sees liegt links eine Wasserskisprungschanze. Geradeaus mündet die **Rospuda** in den See (übrigens wird die Kanuroute auf der Rospuda flußabwärts im Kapitel 13 beschrieben).
Der Fluß hat fast keine Strömung und rechts und links ist das Ufer so sumpfig, daß es praktisch unmöglich ist auszusteigen. Bei...

km 5,8 mündet am rechten Ufer das kleine Flüßchen **Szczeberka** in die Rospuda. In dieses Flüßchen biegen Sie ein. Es ist leicht, die Mündung zu übersehen! 1999 hatten mitfühlende Zeitgenossen mit einer Plastiktüte (nicht schön aber zweckmäßig) die Stelle markiert, sonst hätten wir sie wohl übersehen.

km 7 Nach 1 km wird die Strömung etwas stärker. Der Fluß macht, obwohl er hier eingedämmt und reguliert ist, viele Windungen.

Die ersten Höfe des weit verstreuten Dorfes **Szczebra** tauchen auf. Links liegt ein schöner, aber schattenloser . Bei...

km 8,5 erreichen Sie die Straßenbrücke Augustów-Suwalki, an der eine Aufschrift auf einen aufmerksam macht, der an der Straße rechts ca. 400 m entfernt liegt.

An der Straße links ist eine Gedenkstätte ausgeschildert, die daran erinnert, daß hier 1941-1944 etwa 8.000 Polen meist jüdischer Abstammung und russische Kriegsgefangene von der Wehrmacht hingerichtet wurden.

Die letzte Einkaufsmöglichkeit auf 18 km bis zum Jez. Blizno (rechnen Sie ab hier mit zwei Tagen Fahrtzeit).

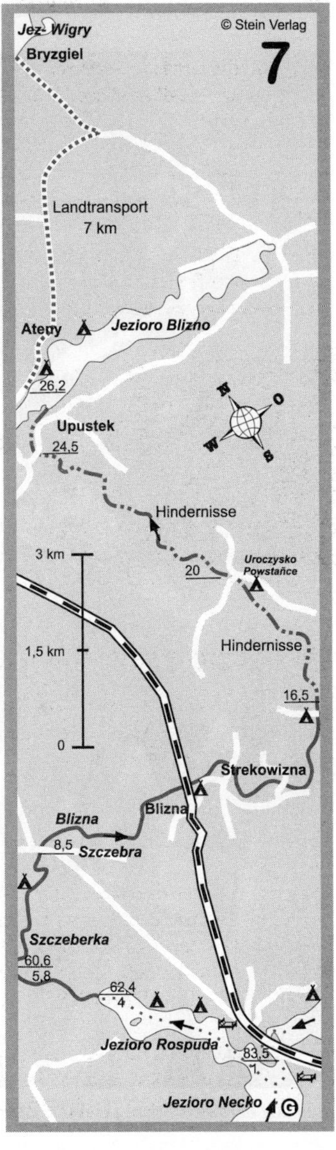

Andrang in Mikaszówka - der Schleusenwärter hatte Mittagspause (S. 62)

Kleiner Biwakplatz bei einem Bauern an der Czarna Hancza

Bereit zur Ausfahrt aus einer Schleuse am Kanal Augustowski

km 8,6 Kurz hinter der Brücke biegen Sie rechts in die kleine **Blizna** ab. Der Bach ist so schmal, daß man versucht ist, sich dauernd vom Ufer abzustoßen. Da man so aber das Ufer zerstört, sollten Sie das so wenig wie möglich machen. In einiger Entfernung sehen Sie Höfe von **Szczebra**. Der Fluß schlängelt sich durch Feuchtwiesen und Weiden.

km 12,5 Sie erreichen die Eisenbahnbrücke der Strecke Augustów-Suwalki, ein ⛺ am rechten Ufer davor. Ab hier beginnt das anstrengendste Stück, wenn es Ihnen jetzt schon zu mühselig war, haben Sie die letzte Chance auszusteigen und vom nur 200 m entfernten Bahnhof von Blizna aus nach Augustów oder Suwalki zu fahren.

Bibersümpfe an der Blizna

Gleich nach der Brücke sehen Sie rechts einen Abfluß, der in das Totalreservat rund um den **Jez. Dlugie** führt.

Sie fahren geradeaus durch das verstreute Dorf **Strebowizna**. Es gibt auf dieser Strecke sieben niedrige Holzbrücken aus dicken Kiefernstämmen, durch die selbst Kajaks nicht immer durchkommen; aber fast immer kann man einigermaßen gut umtragen. Bei...

km 16,5 erreichen Sie den Waldrand mit einladendem ⛺ auf der linken Seite. Vor Ihnen liegt die schwierigste und schönste Strecke dieses Abschnitts. Ab hier kommen Sie höchstens mit 1 km pro Stunde voran. Sobald Sie in den Wald kommen, ist die Anwesenheit von Bibern nicht zu übersehen, denn viele umgestürzte Bäume versperren den Weg (📷 S. 84). Die Blizna ist auf lange Strecken nur knöcheltief, und dort, wo fester Sandboden ist, kann man gut treideln. Rechts und links ist der Waldboden so sumpfig, daß man nirgends zelten kann.

km 20 Eine Brücke bei **Uroczysko Powstance** mit einem wenig befahrenen Waldweg kreuzt die Blizna. Rechts und links dahinter liegen total vermüllte ⛺ Warum Naturfreunde, die die Anstrengung dieser Fahrt auf sich nehmen, zu faul sind, ihren Abfall abzutransportieren, bleibt unverständlich.

Ein Stück nach rechts an der Straße steht ein Denkmal, das an den polnischen Aufstand gegen Rußland erinnert. Im April 1863 lagerten die

Aufständischen unter der Führung von General Ramotowsky hier im Wald und schmiedeten Sensen zu Lanzen um.

Die nächsten 5 km ähneln den vorherigen, außer daß der Fluß teilweise viel tiefer ist und der Boden schlammig, so daß man auf den ins Wasser gestürzten Baumstämmen balancieren muß, während man das Boot hinüberzieht. Dafür wird man mit der Entdeckung von Biberdämmen und -burgen belohnt.

km 24,5 Eine Brücke kommt in Sicht, am rechten Ufer führt nun ein Waldweg zur Siedlung **Upustek**.

km 25,2 Vor Ihnen öffnet sich der **Jez. Blizno**. An den Seeufern befinden sich mehrere und geradeaus liegt das Dorf **Ateny** bei...

Schleusenwärterhäuschen

km 26,2 wo man an einem der Bootsstege aussetzen kann. Von hier aus können Sie Ihr Boot zum **Jez. Wigry** transportieren lassen. Fragen Sie deshalb im Laden nach - mehrere Leute im Ort führen Transporte durch.

Wenn Sie der Dorfstraße rechts folgen, können Sie 7 km nach **Bryzgiel** laufen, oder ab dem Geschäft dem blauen Wanderweg folgend, nach **Gawrych Ruda**.

Ein fährt morgens und abends nach Augustów und über Bryzgiel und Garwych Ruda nach Suwalki (von dort Busverbindung nach Stary Folwark).

Verladung an der Schleuse Gorczyka

9: Augustów

16-300 Augustów, Woj. Podlaskie. ✆ 087

Touristeninformation Centrum Informacji Turystcznej, ul. 3 Maja 31, ☎ 6432882.

In Augustów stehen viele Hotels aller Preislagen zur Verfügung

♦ "Dom Nauczyciela ZNP" (Haus des Lehrers) ul. 29 Lispoda 9, ☎ 6432021, liegt am Hafen der Weißen Flotte, ✗

♦ "Hetman", ul. Sportowa 1, ☎ 6445345, ✗ ⛺

⛺ Osrodek "Zeglarski" PTTK "Augustów", ul. Nadrzeczna 70a, ☎ 6433850. Wasserwanderstation und Jachthafen des PTTK, liegt am Fluß Netta,

♦ Camping przy Hotelu Hetman, ul. Sportowa 1, ☎ 6445345.

✗ Es gibt viele Restaurants und Bars, z.B. in allen Hotels.

♦ "Albatros", ul. Mostowa 3, ☎ 6432123.

Reichlich Einkaufsmöglichkeiten, z.B. um den Platz im Zentrum oder auf dem Wochenmarkt.

BANK Mehrere Banken und Wechselstuben, z.B...

♦ Narodowy Bank Polski, ul. 3 Maja 43.

♦ Kantor Wymiany Walut, ul. Mlynska 2 und ul. 3 Maja 28.

Post, Rynek Zygmunta Augusta 3.

Der Busbahnhof Dworzec PKS befindet sich am zentralen Platz, Rynek Zygmunta Augusta 18, ☎ 6433649.

Taxis am Busbahnhof, ☎ 6433720.

Der Bahnhof Dworzec PKP befindet sich außerhalb, ul. Dworcowa 1, ☎ 6432277.

Weiße Flotte, Hafen an der ul. 29 Lispoda.

⌘ Muzeum Ziemi Augustowieskiej (Ethnographisches Museum), ul. Hola 7, ☎ 6432754.

♦ Dzial Historii Kanalu Augustowskiego (zur Geschichte des Kanals Augustowski), ul. 29 Lispoda 5a, ☎ 6432360.

PZW Angelverband, ul. Wojska Polskiego 55, ☎ 6433693, Mo-Fr 9:00-14:00, Sa 14:00-18:00.

♦ Sklep Wedkarski (Angelgeschäfte), ul. Wierzbna 17 + ul. Mostowa 24.

Kanuvermietung bzw. organisierte Kanutouren

♦ Biuro Turystyki Kajakowej "Sirocco", Rynek Zygmunta Augusta 43. Adresse am Wasser: ul. Zarzecze 5a, ☎ + FAX 6434118,
<httpt://www.free.polbox.pl/s/sirocco1> <sirocco1@free.polbox.pl>

♦ Osrodek Zeglarski PTTK "Augustów", ul Nadrzeczna 70a, ☎ 6433850.

♦ "Szot" Przedsiebiorstwo Turystyczno-Produkcyjne, ul. Konwaliowa 2, ☎ 6434399 + ☎ 6446758.

♦ "Kanu", Wypozyczalnia sprzetu wodnego, ul. Zarzecze 8a, ☎ 6432530.

Badestelle vor der Schleuse Borki (Seite 81 + 82)

PTTK-Station Augustów (Seite 70)

- Jan Wojtuszko, Wypozyczalnia sprzetu wodnego, ul. Nadrzeczna 62a, ☏ 6447540.
- "Necko", Wypozyczalnia sprzetu wodnego, ul. Chreptowicza 3/39, ☏ + FAX 6445639.

Augustów wurde 1555 durch König Zygmunt August gegründet und erhielt 1557 die Stadtrechte. In den Schwedenkriegen wurde die Stadt völlig zerstört, aber unter Jan Kazimierz wieder aufgebaut. Augustów ist seit 1808 Kreisstadt. Schon vor dem Zweiten Weltkrieg, in dem die Stadt zu 70% zerstört wurde, war Augustów ein Zentrum des Wassertourismus, wie die Gebäude des Yachtclubs von 1935 und das Hotel "Hetman" am Jez. Necko zeigen.

Das Hotel wurde von dem berühmten polnischen Architekten Maciej Nowicki 1938 als Wanderheim entworfen. Dieses bescheidene Haus ist das einzige Werk, das von ihm in Polen erbaut wurde. Sein zukunftsweisender Plan für den Wiederaufbau des kriegszerstörten Warschau wurde nicht verwirklicht. 1946 reiste er als polnischer Delegierter der Kommission für den Bau des Uno-Gebäudes nach New York. Er kehrte nicht mehr nach Polen zurück, sondern nahm eine Professur in Raleigh, Kalifornien, an. Dort entstand ein Ausstellungspavillon, das "Paraboleum", dessen moderne Glas-Stahl-Konstruktion seinen Weltruhm begründete. Weiter bekannt wurde er durch seine Pläne für die indische Stadt Chandighar, ein Auftrag, der später von Le Corbusier verwirklicht wurde.

Der Bau des Kanals Augustowski bescherte der Stadt im 19. Jahrhundert einen bescheidenen wirtschaftlichen Aufschwung. Zeugen dieser Zeit sind das klassizistische alte Postamt von 1830 und der ehemalige Gutshof des General Pradzynski, wo heute in einem hölzernen Gebäude das Museum über den Kanal Augustowski untergebracht ist.

Seit 1993 hat das 30.000 Einwohner zählende Augustów den Status eines Kurortes und ist durch die Besucher in den Sommermonaten eine lebhafte Kleinstadt, die auch von den nahen, offenen Grenzen nach Litauen und Weißrußland profitiert.

Marktszene in Augustow

Neben dem Tourismus ist hier die Zigarettenherstellung der wichtigste Wirtschaftszweig. Das Werk, in das der Weltkonzern British American Tobacco investiert hat, ist der viertgrößte Produzent in Polen. Hier wird der Tabak, der überall in der Umgebung angebaut wird, verarbeitet (📷 Seite 81).

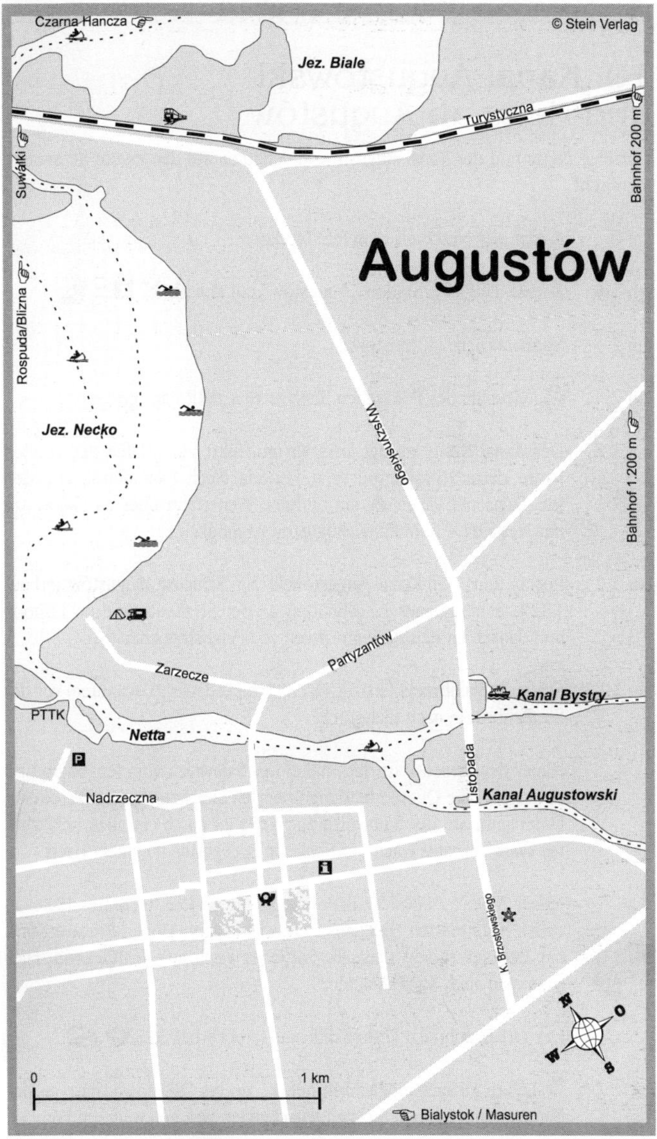

Czarna Hancza
© Stein Verlag
Jez. Biale
Turystyczna
Bahnhof 200 m
Suwałki
Augustów
Rospuda/Blizna
Jez. Necko
Wyszynskiego
Bahnhof 1.200 m
Partyzantów
Zarzecze
Kanal Bystry
PTTK
Netta
Listopada
Kanal Augustowski
Nadrzeczna
K. Brzostowskiego
N
O
W
S
0
1 km
Bialystok / Masuren

10: Kanal Augustowski und Netta ab Augustów

Der Fluß Netta und der Kanal Augustowski verlaufen auf den ersten Kilometern identisch!

km 0 Auslaß der Netta aus dem Jez. Necko.

km 1,8 Rechts die PTTK-Station "Augustów" mit

km 2 Straßenbrücke ul. Mostowa.

km 2,4 Gelände des Polnischen Segelvereins ZNP, links gelegen.

km 2,8 Der **Kanal Bystry** zweigt links ab und führt zum Hafen der Weißen Flotte, danach Straßenbrücke ul. Lispoda. Nach 4 km mündet er in den **Jez. Sajno** mit vielen am Südufer. Weiterfahrt über die Sajowniza zur Netta bzw. zum Kanal Augustowski möglich.

km 3,2 Rechts führt der **Kanal Augustowski** zur **Schleuse Augustów** (erbaut 1827, Schleusdauer 22 Minuten) an der Straßenbrücke ul. Lispoda und danach an den Außenbezirken von Augustów entlang.

km 10,5 **Schleuse Bialobrzegi** (erbaut 1828, Schleusdauer 20 Minuten) vor der Straßenbrücke nach Bialystock.

Hinter der Schleuse ist der Einfluß der **Sajowniza** vom Jez. Sajno und es besteht eine Querverbindung über den Kanal zur **Netta**. Die direkte Durchfahrt von der Sajowniza zur Netta ist durch ein nicht befahrbares Wehr verbaut! Nach der Schleuse Anlegesteg an einem Hotel.

"Stary Mlyn", Augustów-Bialobrzegi, ☏ 6449270, nettes Hotel in einem restaurierten Holzhaus einer ehemaligen Mühle. Preiswert und der Besitzer spricht deutsch. Frittierter Fisch aus der Gegend. Hier kann man auch Kajaks mieten.

Der Ort **Bialobrzegi** liegt rechts am Hotel vorbei,

Letzte Einkaufsmöglichkeit auf 35 km bis Dolistowo Stare an der Biebrza. Hier können Sie sich entscheiden, welchen weiteren Weg Sie einschlagen wollen, die Strecke über die Netta ist 5 km länger. Beide Strecken sind wenig befahren.

km 11 Der Kanal Augustowski führt mit sanften Windungen durch eine Wiesenlandschaft. Bei...

km 14 sehen Sie die ersten Häuser von **Netta 1**, einer Ansammlung von Gehöften mit Tabakanbau, die sich auf mehreren Kilometern längs des Kanals erstrecken (📷 unten).

km 15 Kurz darauf, an einem Knick des Kanals, ist eine schöne ⛺ mit einem angeketteten Floß, das Sie als wackelige Badeplattform vielleicht mit den Kindern des nächstgelegenen Hofes teilen müssen.

km 18 **Schleuse Borki** mit ⛺ (📷 Seite 77).

km 22 Der Kanal verläuft schnurgerade erst durch landwirtschaftlich genutztes Gelände, dann durch einen Sumpfwald. Biwak ist nur auf dem erhöhten, trockenen Damm möglich.

Tabaktrocknen bei Netta I

Alternativroute auf dem Flüßchen Netta

Die Netta ist ein sehr windungsreicher Wiesenfluß, der parallel zum Kanal Augustowski verläuft. Das Gebiet zwischen Netta und dem Kanal ist eine unbewohnte, lanschaftlich reizvolle Insel. An die Schleusen des Kanals nähert sich die Netta immer wieder an und ist mit Stichkanälen mit ihm verbunden. Ein Wechsel zwischen Kanal und Netta ist also möglich, allerdings müssen die Wehre an den Verbindungsstellen umtragen werden.

km 0 **Bialobrzegi**. Bei...

km 2 sehen Sie rechts die erste Verbindung zum Kanal Augustowski.

km 3 Links liegt das kleine Dorf **Gliniski**. Hier befinden sich noch einige Bunker der Molotowlinie, die bis zur weißrussischen Grenze führte. Bei...

km 8 existiert eine weitere Verbindung zum Kanal Augustowski bei der Schleuse Borki (📷 S. 77). Danach entfernt sich die Netta längere Zeit vom Kanal und mäandert lustig durch sumpfige Wiesen bis sie bei...

km 16 wieder zu einer Verbindung mit dem Kanal Augustowski an der **Schleuse Sosnowo** stößt.

☞ Vergessen Sie nicht, Eintrittskarten für den Biebrza-Nationalpark an der Schleuse zu kaufen!

km 17,5 Holzbrücke, rechts können Sie zur Schleuse laufen.

km 20 Zusammenfluß der Netta mit dem Kanal Augustowski.

km 24 **Schleuse Sosnowo**, ⛺. Der Schleusenwärter verkauft auch die notwendigen **Eintrittskarten** für den Nationalpark. Falls er nicht da sein sollte, fragen Sie im Haus rechts neben den Kanal nach ihm. Bei...

km 26 kommen Sie zum Zusammenfluß von Kanal Augustowski und Netta.

km 28 Beginn des **Biebrza-Nationalparks**. Ab hier gelten die Regeln des Nationalparks! Sie nähern sich bis auf 500 m dem Totalreservat

"**Czerwone Bagno**" (☞ Nationalparks).

km 32 Rechts liegt das Dorf **Polkowo**, ⛺ 🚌

Die Feuchtwiesen um das Dorf sind nur mäßig genutzt, es sind Weihen und **Kraniche** zu beobachten. Wandermöglichkeit bis zur Grenze des Totalreservats (kein Eintritt). Bei...

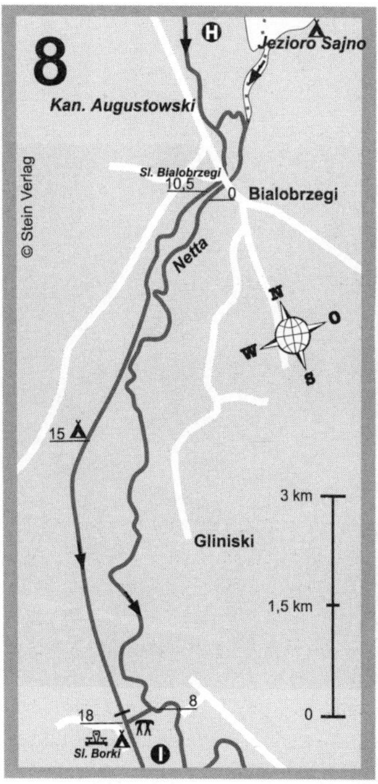

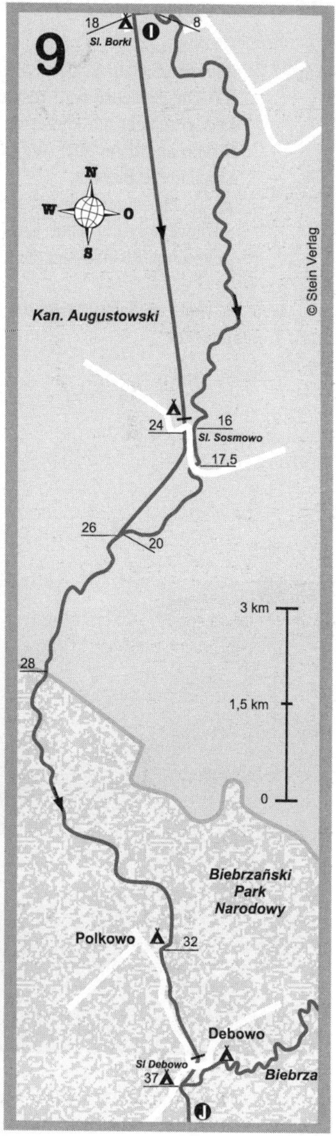

km 37 kommen Sie zur Schleuse Debowo mit einem kleinen Wasserkraftwerk. ⛩ Die Schleuse wird restauriert und muß daher umtragen werden. Das geschieht am kürzesten an der linken Seite des Wehrs über die Straße und dann über Treppen auf die andere Seite. Hier mündet der Kanal in die **Biebrza**.

⛺ rechts hinter dem Wasserkraftwerk, das mit 500 kW der lokalen Stromversorgung dient. Diese sanfte Art der Energiegewinnung ist an polnischen Kleinflüssen nicht selten.

Wenn Sie weiter flußabwärts auf der Biebrza fahren wollen, lesen Sie bei Kapitel 12 unten weiter.

Biberspuren an der Blizna (Seite 74)

11: Oberlauf der Biebrza

Die Befahrung der Biebrza ist ab **Lipsk** möglich bzw. erlaubt. Sie ist hier ein windungsreicher Sumpf- und Wiesenfluß mit teilweise langen Schilfgürteln und vielen Wasserpflanzen, so daß das Flußbett stellenweise stark verkrautet ist.

Lipsk

ℹ Wypozyczalnia Kajakow, Miejesko-Gminnyn, Osrodkiem Kultury w Lipsku, ul. Rynek 23 (Gemeindehaus Lipsk).

🛏 "Na Skarpie", 16200 Dabrowa Bialostocka, ul. Obwodowa, ✕

Der erstmals 1533 erwähnten Ort erhielt von König Stefan Batory 1580 die Stadtrechte als Hafen und Grenzstadt. König August III. vergab danach erweiterte Privilegien an die Stadt. Eine wirtschaftliche Entwicklung wurde aber durch das dünn besiedelte Umland eingeschränkt. Während der Aufstände gegen Rußland 1863 wurde die Bevölkerung durch Vergeltungsmaßnahmen der zaristischen Truppen dezimiert, Lipsk verlor die Stadtrechte. Im Zweiten Weltkrieg wurde der Ort fast völlig zerstört, Spuren davon sieht man noch an der restaurierten neogotischen Kirche.

In der Umgebung der Stadt war der Major Jan "Hubal" Dobrzanski der polnischen Partisanenarmee "AK Heimatarmee" stationiert, die gegen die russischen und deutschen Besatzer kämpfte. Diese Gruppe existierte noch bis in die 50er-Jahre und führte Terroranschläge gegen Vertreter der sich etablierenden kommunistischen Partei durch. "Hubal" wurde von der Roten Armee gefaßt und exekutiert. Mit seinem Denkmal, das seit neuerer Zeit an der Hauptstraße steht, wird somit ein Vertreter des antikommunistischen Widerstands geehrt.

Heute ist Lipsk ein kleines Landstädtchen mit 3.000 Einwohnern und Sitz der Gemeindeverwaltung. Es gibt einige Einkaufsmöglichkeiten, 📯 🚌 aber kein Hotel - das nächste befindet sich im 10 km entfernten **Dabrowa Bialostocka**.

Routenbeschreibung

km 0 Einsetzstelle ist das Bootshaus der Gemeinde an der Straße nach Dabrowa neben dem Freibad an einem Stichkanal zur Biebrza. Am Bootshaus auch Kanuvermietung.
Oberhalb des Freibades liegt der etwas lieblose und karge ⛺ der Nationalparkverwaltung mit keinerlei Infrastruktur. Man bleibt hier wohl nicht, sondern fährt nur ab. Das sichere Parken des Autos ist selbst zu organisieren, evtl. ist man im Gemeindehaus/Bootshaus dabei behilflich.

km 1 Die linke Seite des Tals ist ein Überschwemmungsgebiet. In der Nähe der Straße ist eine Insel, auf der das Dorf **Jalowo** liegt. Auf den ersten 6 km ist es wegen des überaus dichten Schilfgürtels nicht möglich anzulegen!

Lipsk am Oberlauf der Blizna

km 5 Links ist ein Steilufer. In wenigen hundert Metern Entfernung liegt das Dorf **Szuszalewo**.

km 10,5 Links befindet sich der versteckte Zufluß des Flusses **Kamienna**. Am Ufer wechseln sich hinter dem Schilfgürtel Wäldchen und Wiesen ab. Der Artenreichtum dieser extensiv genutzten Flächen ist sehr groß, hier kommen auch Wiedehopfe vor.

km 15 Rechts sieht man Häuser von **Ostrowie** und links das Dorf **Nowa Kamienna**

In der Nähe sind einige Bunker der Molotow-Linie zu sehen, einer Verteidigungslinie der Roten Armee aus den Jahren 1939-1941.

km 16,5 Unter der Straßen- und Eisenbahnbrücke ragen bei Niedrigwasser Hindernisse aus dem Flußbett, links danach.

Ein befindet sich in **Jastrzebna** in ca. 5 km Entfernung. Folgt man dem blauen Wanderweg in Fließrichtung der Biebrza, kann man einen Spaziergang durch das Waldgebiet **Trzyrzeki** von **Grabowy Borek** machen. In diesem ehemaligen Jagdgebiet mit altem Kiefer-Eichen-Birkenbestand brüten Schelladler und Wespenbussard. Am Südrand liegt in 3,5 km Entfernung das **Forsthaus Trzyrzeki**, in dem auch Eintrittskarten für den Nationalpark verkauft werden.

km 19,5 Rechts mündet der Fluß **Jastrzebianka**, in einiger Entfernung sehen Sie das Dorf **Jasinowo**, wo ein Denkmal an 40, von Deutschen 1943 erschossene Polen erinnert.

Km 23 Links sehen Sie noch einmal das Waldgebiet **Trzyrzeki**. Die folgenden Wiesen werden intensiver genutzt und teilweise entwässert.

km 30 Straßenbrücke Augustow-Bialystok. Bei...

km 31 liegt rechts der ▲ von **Sztabin**. Von dort aus sind es ca. 800 m zum Marktplatz der Stadt am Ende der ul. Rybackie mit

Der Ort hatte im 17. Jahrhundert eine Eisenhütte und Stadtrechte. Schon von weitem ist die neogotische **Backsteinkirche** von 1910 zu sehen.
Vor der Kirche befindet sich das gußeiserne Brustbild von J. L. Chreptowicz, dem Dorfgründer. Der Schöpfer der Büste war der Industrielle, Grundbesitzer, Erfinder und Künstler Karol Brzostowski. Dieses Universaltalent gründete im 19. Jh. in Sztabin eine Republik. In der Schule ist eine kleine Ausstellung über seine demokratischen Ideen zu sehen und vor dem Busbahnhof PKS steht ein Denkmal von ihm.

km 36 Der Fluß teilt sich in zwei Arme, die sich nach 800 m wieder vereinen. Wenn Sie am Dorf **Czarna Las** vorbeifahren möchten, nehmen Sie den rechten Arm. Die Biebrza mäandert stark, die Ufer sind unzugänglich und es wachsen Bäume auf kleinen Inseln.

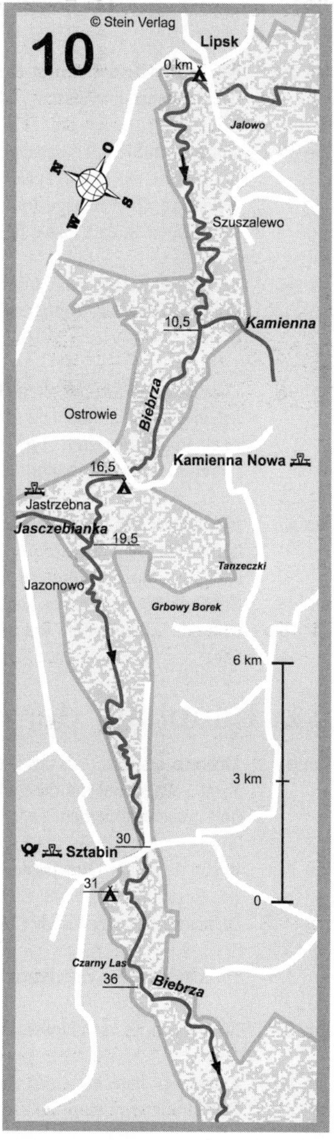

km 37 Auf beiden Seiten ist der Fluß eingedeicht, Pfähle einer ehemaligen Brücke stehen im Wasser.

km 39 Links sehen Sie das ehemalige Moor **Biale Sucheolskie**, das z.T. abgetrocknet ist. Auf einem Spaziergang sieht man auf dem verbuschenden Gelände auch ehemalige Torfabbauflächen. Der äußerst seltene Alpenstrandläufer ist eine lokale Besonderheit.

km 42 Rechts sehen Sie eine Insel, auf der die frühmittelalterliche Burg **Pobojna Góra** lag, dahinter Dünen und Wald. Das Tal ist hier 8 km breit.

km 46 Das Dorf **Jaglowo** mit alten Holzhäusern hat weder seinen ursprünglichen Charakter noch die damit verbundenen erschwerten Lebensbedingungen verloren. Vielleicht deswegen wurde hier vor wenigen Jahren die Landung Außerirdischer beobachtet. Bei...

km 47 ist am Ende des Dorfes auf der linken Seite ein ⛺ an der kleinen, hölzernen Straßenbrücke.

km 48 Bei **Debowo** mündet der **Kanal Augustowski** in die Biebrza, ⛺ unterhalb der Schleuse (☞ km 37 bei Kapitel 10).

12: Hauptlauf der Biebrza

km 0 **Debowo**. ⛺ unterhab des Wehrs. Nach dem Zusammenfluß mit dem Kanal Augustowski ist die Biebrza auf mehreren Kilometern begradigt und kanalisiert worden.

km 2 Rechts liegt das Dorf **Jasinowo**. Am Horizont sieht man den Beginn des Reservats Czerwone Bagno, bei guter Sicht kann man den Aussichtsturm Tchórze Gredy ("Sitzplatz eines feigen Hundes") erkennen.

km 3,8 Links mündet der Fluß **Brzozowaka** ein.

km 8,8 Straßenbrücke nach Dolistowo Stare.

km 10 **Dolistowo Stare** hat einen ⛺ an einer Badestelle, mit 🍸 Bar an der Stichstraße zum Fluß. Im Dorf rechts an der Kirche vorbei sind zwei sowie . Seit dem Besuch des Bischofs der Kirchenregion 1999 ist das elegante Pfarrhaus renoviert worden.

Auf dem großen Biwakplatz kann es in den Sommermonaten eng, laut und müllig werden, da er Anziehungspunkt für Radfahrer, Angler und Familien in Wohnwagen ist.

Hinter dem Ort schlängelt sich der Fluß von der Anhöhe, auf der Dolistowo Stare liegt, langsam weg. Die Bäume an der linken Seite, deren Stämme mit Autoreifen, Blech und anderen Gegenständen behängt sind, werden so von den Einwohnern mehr oder weniger erfolgreich vor den Zähnen der Bibers geschützt. Nach einem Kilometer sehen Sie die Mündung des Flüßchen Kopitówka.

km 13 Links liegt das Dorf **Wrocen**, wo es einen gibt. Die Biebrza schlängelt sich gemächlich durch eine extensive Weidelandschaft. In der Ferne kann man bereits die Kirche von **Goniadz** erkennen.
In geringer Entfernung auf der rechten Seite sehen Sie Flächen, in denen die Sukzession der ehemals gemähten Wiesen, mit der Folge

Das Dorf Jaglowo mit alten Holzhäusern am Fluß

der Verbuschung und dann Verwaldung, schon weit fortgeschritten ist. Aus welchem Grund dieser Teil, in dem u.a. Schwarzstorch, Schreiadler und Doppelschnepfe brüten, aus dem Nationalpark herausgenommen wurde, ist nicht einsichtig.

km 17,2 Einmündung des Flusses Elk (Lyckfluß).

Die Elk und Jegrznia im BPN

☺ Machen Sie einen Tagesausflug die Elk (den Lyckfluß aus Masuren kommend) hinauf, ein windungsreiches Flüßchen durch meterhohes Schilf. Verkrautung und Gegenströmung erschweren die Fahrt, aber vielleicht werden Sie damit belohnt, einen Schwarzstorch zu sehen oder einen Elch beobachten zu können. Die Chancen sind hier durch die Nähe des Totalresevats "**Czerwone Bagno**" (Roter Sumpf) nicht schlecht (☞ Nationalparks).

Das Übernachtungsverbot der Nationalparkverwaltung macht hier wirklich Sinn, denn man kommt nirgends aus dem Boot! Für "Notfälle" empfiehlt sich ein Plastikeimer, angeln ist selbstverständlich verboten.

Diese Strecke im Nationalpark ist die abenteuerlichste durch eine atemberaubende Landschaft - aber Sie sollten sich vorher bewußt machen, auf was Sie sich einlassen, denn der Weg ist nicht einfach.

Wenn man hier übernachten will, hat man ein beschwerliches Stück vor sich: Der nächste ⛺ befindet sich erst in 20 km Entfernung flußaufwärts, kurz nach dem Zusammenfluß von Elk (Lyckfluß) und Jegrznia in **Debic**.

Von hier aus können Sie noch auf der Elk einige Kilometer weiterfahren, doch versiegt der Fluß in der Nähe des **Forsthauses Modzelówka**. Der Hauptstrom der Elk wird hier in den Kanal Rudzki umgeleitet.

Wenn Sie nicht wieder den gleichen Weg zurück möchten, müssen Sie ca. 3 km zum Kanal umtragen. Der **Kanal Rudzki** (Biwak überall möglich) mündet unterhalb von Osowiec wieder in die Biebrza.

Ab dem ⛺ in Debic können Sie auch die Jegrznia weiter fahren. Bis zur Straßenbrücke nach **Kuligi** sind es 10 km, ⛺ an der Brücke. Von hier sind es 2 km zu Fuß zum **Forsthaus Grzedy**.

Wenn Sie wieder zur Elk und Biebrza zurück wollen, müssen sie den gleichen Weg paddeln, den Sie gekommen sind.

Der **Kanal Woznawiejski** mündet zwar in die Elk, ist aber für Wasserwanderer gesperrt! Da dieses Gebiet sehr oft von Wilderern heimgesucht wird, sind hier Kontrollen besonders häufig.

Weiter auf der Biebrza fahren Sie auf das Dorf **Dawidowizna** zu. Das Gebiet rechts ist geprägt von dem größten Überschwemmungsgebiet der Biebrza, Elk und Dybla, in dem hauptsächlich Seggenriedgräser und wenige Weidenbüsche wachsen.

Dieses Gebiet ist außerordentlich artenreich. Hier kommen die ersten Seeschwalbenkolonien vor. Bei...

km 22 erreichen Sie das Dorf **Dawidowizna**. Kurz danach bei...

km 22,5 ist der Einfluß von dem Kanal und Fluß **Dybla.**

km 25 Die Strömung der Biebrza verlangsamt sich und der Fluß teilt sich in mindestens drei Arme.

km 26 **Goniadz**

Wollen Sie zum Einkaufen und Besichtigen in das Ortszentrum, sollten Sie den linken Arm wählen und bei der ersten Badestelle anlegen. Von hier aus führt ein kleiner Weg direkt zum Marktplatz. An diesem Weg finden Sie die 🍷 Bar "U Jana", noch weiter in Richtung Ort das

🛏 Hotel "Zbyszko", 19-226 Goniadz, ul. Sw. Rozali 13, ☎ + FAX (086) 2720074, ✕

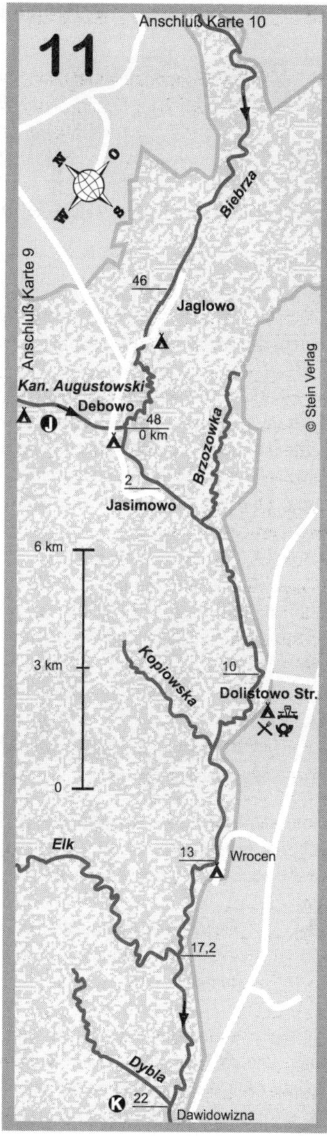

Bar an der Badestelle in Goniadz

Links der Badestelle, auch über einen Bootssteg erreichbar, ist das "Pensionat Kamil & Bartek", 19-226 Goniadz, ul. Nadbiebrzanska 32, 086/2720630-32, FAX 2720633, <http://www.biebrza.com.pl> <bartek@sitech. pl>

Die großzügige Anlage hat verschiedene Häuser unterschiedlicher Preiskategorie (in der einfachsten Pension sogar billig), Kanuvermietung (tageweise), Angeltouren. Die Rezeption verhält sich weltmännisch korrekt und spricht englisch.

Erstmals erwähnt wurde **Goniadz** 1358. Durch die strategische Lage war die Stadt im Mittelalter zwischen masurischen und litauischen Prinzen immer wieder heftig umkämpft. Goniadz erhielt Ende des 15. Jahrhunderts die Stadtrechte und 1547 die Magdeburger Bürgerrechte. 1569 wurde die Provinz erstmalig polnisch. Zu dieser Zeit war Goniadz ein Flußhafen, um landwirtschaftliche Produkte Richtung Danzig zu flößen. Anfang des 17. Jh. hatte Goniadz acht Mühlen.

Bürgerhäuser in Goniadz

Die Stadt wurde im Zweiten Weltkrieg zu 80% zerstört. Trotzdem hat sich ihr Grundriß aus dem 16. Jh. weitgehend erhalten. Heute ist Goniadz ein Ort, der sich zum Zentrum des Nationalpark-Tourismus entwickelt. Am zentralen Platz, mit klassizistischen Häusern aus dem Ende des 19. Jahrhunderts, finden sich mehrere Läden (Geldumtausch in den Hotels). Hinter dem Platz am höchsten Punkt der Stadt liegt die neogotische Kirche St. Agnes von 1931. Links vom Platz an der Dorfstraße befindet sich eine, die naturkundliche Touren in den Park anbietet.

Biebrza Eco-Travel, 19-110 Goniadz, ul. Wojska Polskiego 1. 086/2720785, <http://www.biebrza.com/eco-travel> <eco-travel@biebrza.com.pl>

Weiter außerhalb an der Straße liegt die Außenstelle der Nationalparkverwaltung. Der ist in der anderen Richtung ca. 500 m weiter hinter der Straßenbrücke nach Wolka Piaseczna bei einer weiteren Badestelle mit einer Bar. Auf der anderen Flußseite, ca. 500 m von der Brücke steht ein Aussichtsturm.

km 27,5 Auf der linken Seite liegt das Dorf **Szafranki**.

km 32,5 Straßenbrücke nach **Osowiec** mit ca. 3 km. Ferienhäuser der Polnischen Staatsbahn PKP säumen das Ufer.

km 32,7 Hinter der Brücke führt links ein Altarm zum der **Nationalparkverwaltung** in **Osowiec-Twierdza**. (Seite 105).

Der schöne Biwakplatz mit guter Ausstattung (WC, Duschen, überdachte Sitzplätze, Feuerstellen) liegt leider unter einer Überlandleitung und direkt an der Fernverkehrstrasse Elk-Bialystok. Man kann Kanus und Hütten mieten und es gibt an der Straße eine Bar mit . Die einzige Einkaufsmöglichkeit befindet sich auf der anderen Seite der Biebrza im ca. 4 km entfernten Dorf **Osowiec**. Zu erreichen ist das Dorf über eine auch für Fußgänger gesperrte marode Brücke, über die aber auch ein **Naturlehrpfad** der Nationalparkverwaltung verläuft.

Der Lehrpfad erschließt die Gegend um den Altarm mit einem Holzsteg, der aber nach einem Hochwasser auf einem großen Stück eingestürzt ist. Die erklärenden Tafeln sind leider zerstört oder fehlen ganz. Vom Biwakplatz aus erreichen Sie in ca. 2 km Entfernung die **Hauptverwaltung des Nationalparks**.

Gewitterstimmung über Goniadz

⌘ Auf dem Weg in das Dorf **Osowiec** kommen Sie nach der Brücke an Teilen der Festungsanlage **Centralny Twierdzy** vorbei. Sie wurde von Rußland als Verteidigungsanlage gegen Preußen ab 1892 gebaut. In dem Sumpfgebiet der Biebrza war die Talenge bei Osowiec, die das mittlere vom unteren Becken der Biebrza trennt, eine Schwachstelle, die durch den Bau der Festungsanlage ausgeglichen werden sollte.

An beiden Seiten der Biebrza wurden Forts gebaut, die Anfang des 20. Jh. mit Beton modernisiert und durch einen unterirdischen Gang verbunden wurden. Das auf dem Preußen zugewandten Ufer der Biebrza gelegene Fort wurde mit sternförmigen Gräben geschützt. Ein dritter Teil, die schwedische Festung, wurde 3 km stromabwärts gebaut und mit aufwendigen Wassergräben umgeben.

Ruinen der Festungsanlage

Zwischen Festung 1 und 3 wurde ein 2,5 km langer Wall aufgeschüttet, insgesamt bildeten die drei Festungen eine 4 km lange Verteidigungslinie. Im Februar 1915 wurde die Festung zu einem Schlüsselpunkt der Front, im Juli setzte die deutsche Armee hier Giftgas ein. Im August gab Rußland Osowiec auf und sprengte die Festung.

Im Polnisch-Russischen Krieg 1920 waren polnische Einheiten stationiert, ebenso 1932-1939. Nach der Okkupation Ostpolens durch die Sowjetunion war bis 1941 die Rote Armee hier, bis im August die deutsche Armee Osowiec einnahm. Seit 1945 liegen die Festungen in Trümmern und nur auf dem wiederaufgebauten Gebiet von Fort 2 ist bis heute polnisches Militär stationiert.

Wenn Sie vom Biwakplatz aus wieder auf die Biebrza zurückkehren, gelangen Sie nach 300 m bei...

km 33,5 zur Straßen- und Eisenbahnbrücke Elk-Bialystok.

☞ Es beginnt das Kerngebiet des Nationalparks. Ab hier gibt es keine Einkaufsmöglichkeit auf einer Länge von 40 km und nur eine Biwakmöglichkeit in "Bialy Grad". Angelverbot bis zur Einmündung der Wissa. Hier wird von der Parkwacht mit einem Motorboot kontrolliert!

km 35 Einmündung des **Kanals Rudzki**. Die Biebrza hat eine mittelstarke Strömung, so daß man schnell vorankommt. Das Ufer ist mit Weiden bewachsen. Auf der linken Seite ist ein Altarm zu sehen. Dahinter sind noch Fragmente der schwedischen Festung sichtbar. Ihr größter Wert liegt vielleicht darin, daß Biber in den Resten der Gräben gute Lebensbedingungen gefunden haben und sich von hier aus, nach ihrer Wiederansiedelung Ende der 50er-Jahre, über die Biebrza und Narew nach Westen ausbreiteten.

km 43 Rechts sieht man die Einmündung des Stichkanals nach **Klimaszewnica**, links die Gehöfte des Dorfes **Olszowa Droga**. Dies sind die letzten Häuser, die Sie auf der linken Seite der Biebrza sehen werden.

Rechts und links des Flusses wird extensive Weidewirtschaft betrieben, die Kühe werden morgens ohne Begleitung losgeschickt und suchen sich zum Teil viele Kilometer entfernte Weideplätze, zu denen sie auch durch die Biebrza schwimmen. Abends kehren sie wieder von allein ins Dorf zurück. Überlassen Sie den Tieren die Vorfahrt, die bestimmt durch Ihr komisches Gefährt verwirrt werden!

km 44,5 Schon aus einiger Entfernung sieht man einen Aus-

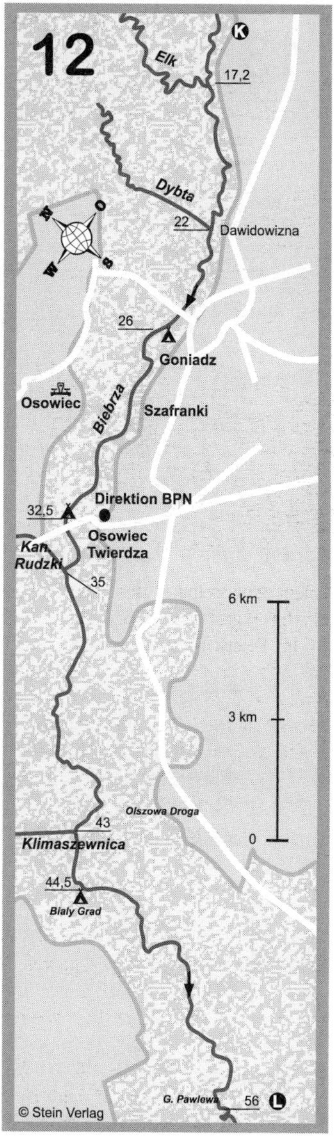

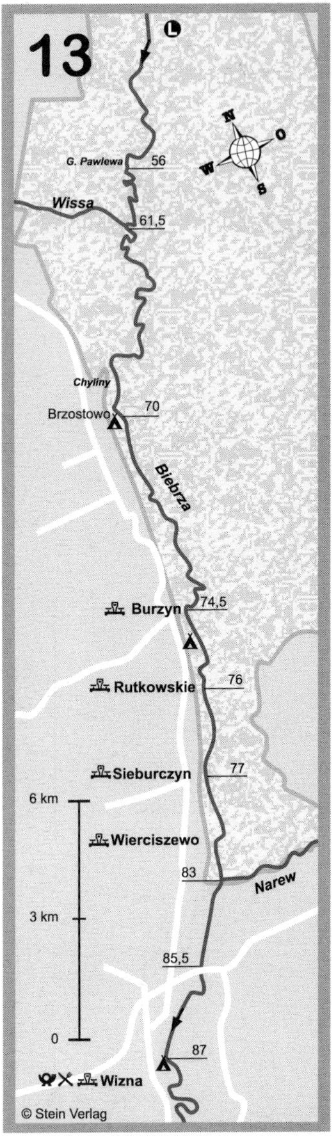

sichtsturm und den "**Bialy Grad**", der über einen Altarm komfortabel erreichbar ist. In vorchristlichen Zeiten war hier eine Kultstätte.

Falls Sie nicht als Märtyrer enden wollen, sollten Sie in dem eingezäunten Bereich unter dem Aussichtsturm Ihr Zelt aufschlagen, um nicht am Morgen von einer Kuhherde überrannt zu werden. Durch das Getrampel der Tiere können Sie besonders gut die hier fortgeschrittene Verdichtung der Böden und die damit verbundene Mineralisierung beobachten.

Hier sehen Sie abertausende Gehäuse von Posthornschnecken, die von den regelmäßigen Überschwemmungen der Biebrza zeugen. Das Vorkommen der Schnecken im Fluß weist auf dessen gute Wasserqualität hin. Machen Sie hier kein Feuer, damit die wenigen entlang des Plumpsklos gepflanzten Obstbäume nicht als Feuerholz enden, und beachten Sie die Aufschrift *nie smiecic* ("nicht vermüllen") am Turm und sammeln Sie ihren Müll in den bereitgestellten Behältern. Von hier aus sind es ca. 4 km zu einem Laden in **Mscichy**.

☺ Fahren Sie früh los, denn auf den nächsten 20 km gibt es keine Biwakmöglichkeit! Das hier durchfahrene Stück der Biebrza ist sehr schön, und viele Sandbänke laden zu einem Bad oder einer kurzen Rast ein.

km 56 Rechts sehen Sie den Hügel **Góra Pawlowa**, der über die Überschwemmungswiesen herausragt. Danach beginnt die Biebrza zu mäandern. An den Altarmen leben Fischotter, Zwergmöwen und Weißflügelseeschwalben.

km 61,5 Einfluß der **Wissa**. Bei der Weiterfahrt sieht man links kleinere Waldstücke. Die Biebrza nähert sich langsam dem rechten Rand ihres Tales. In etwas Entfernung kann man das Dorf **Chyliny** erkennen.
Die folgenden Dörfer entlang des Talrandes bestehen größtenteils aus alten, mit Schnitzereien verzierten Holzhäusern. Nur wenige Bewohner haben genug Geld für einen Neubau.

km 70 Rechts an einer Furt liegt das Dorf **Brzostowo** mit einem

km 74,5 **Burzyn.** Ein des Nationalparks liegt unterhalb des Aussichtsturmes Die schon von weitem auffallende Kirche entstand in den 80er-Jahren. Einkaufsmöglichkeit (unten).

km 76 Am rechten Ufer erreichen Sie das Dorf **Rutkowskie** mit . Dahinter sind die Mäander so stark ausgebildet, daß der Fluß an manchen Stellen durchgebrochen ist und ein Kanu gut hindurch paßt.

Auf dem Fluß bei Burzyn

Bialy Grad im Morgennebel: "Nicht vermüllen"

km 77 Rechts liegt das Dorf **Sieburczin** mit [Gaststätte] und einer Fähre für landwirtschaftliche Fahrzeuge.

km 78 Rechts taucht das Dorf **Wierciszewo** mit [Gaststätte] auf. Das Ufer hinter dem Ort ist von Urlaubern und Anglern bevölkert. Bei...

km 83 fließen Biebrza und **Narew** zusammen. Hier endet das Gebiet des Nationalparks.

km 85,5 An der Straßenbrücke Lomza-Bialystok rechts ein [Imbiss] Imbiß.

km 86 Rechts nach der Brücke an einer Sandbank eine gute [Zeltplatz] und Aussetzmöglichkeit.

km 87 **Wizna.** Eine weitere Aussetzmöglichkeit mit [Zeltplatz] ist am Sportplatz der Schule. Oberhalb des Sportplatzes liegt der zentrale Dorfplatz, an dem sich mehrere [Gaststätte] [Imbiss] sowie [Post] und ein [Angeln] Anglerladen befinden. Von der Bushaltestelle [Bus] gegenüber der Post fahren mehrmals täglich Busse über Lomza oder Bialystock nach Augustów und Suwalki.

Die Narew

Von Wizna aus können Sie der Narew bis zur Mündung in den **Bug** und von dort in die **Wisla (Weichsel)** folgen. Die Narew ist ein größtenteils unverbauter Flachlandstrom, der durch eine extensiv genutzte Weidelandschaft führt. In die Narew münden weitere bekannte Paddelflüsse wie die **Pisa**, die in der **Masurischen Seenplatte** entspringt.

[Buch] Über beide Flüsse wird 2001 ein Führer der selben Autoren vorliegen, der auch den interessanten Oberlauf der Narew einschließt. Hier befindet sich das einzige Binnendelta in Polen, das sich in unzählige Wasseradern aufspaltet und nicht ohne Grund 1996 zum jüngsten Nationalpark Polens, dem **Narwianski Park Narodowy**, erklärt wurde.

13: Die Rospuda

Die 80 km lange Rospuda entspringt in der Seenplatte nordwestlich von Suwalki. Sie fließt fast parallel in etwa 15 km Entfernung westlich des Oberlaufs der Czarna Hancza (☞ 2) und mündet im Tiefland von Augustów in den Jez. Necko (☞ 8). Die Rospuda ist ein Nebenfluß der Netta und somit auch der Biebrza. Auf ihrem Weg durchfließt sie acht schmale, aber langgestreckte und tiefe Rinnenseen. Zu Beginn ist die Strömung etwas flotter, später hört sie fast ganz auf.

Der Fluß bildet auf dem Weg in den Biebrza-Nationalpark eine nicht so stark besuchte Alternative zur Czarna Hancza, kann aber über die Blizna auch mit dieser verbunden werden. So entsteht die längste durchgehende Kanuroute der Region, nämlich die Kanuroute Rospuda - Blizna - Czarna Hancza - Kanal Augustowski - Biebrza mit 330 km Länge.

km 0 Hinter dem Durchfluß zwischen **Jez. Czarne** und **Jez. Rospuda** befindet sich an der rechten Seite ein Biwakplatz ⛺ am Jez. Rospuda, an der Brücke zwischen den Dörfern **Czarne** und **Supienie**.

km 3,5 ⛺ auf der Insel mitten im See.

km 6 Eine Brücke führt beim Dorf **Rospuda** an einer Enge über den See.

km 9 Brücke, danach Straßenbrücke (Vorsicht Hindernisse!) rechts davon **Filipów**,
Der Ort wurde schon 1517 gegründet und im 16. und 17. Jahrhundert war hier ein Zentrum der "Arianier", auch polnische Brüder genannt. Diese Abspaltung der Reformationsbewegung lehnte das Dogma der Dreieinigkeit Gottes ab und sah Christus als Mensch. Die Sekte praktizierte religiöse Toleranz, gründete Akademien und zog Künstler in ihren Wirkungsbereich. Kurz danach weitere Brücke. Bei...

km 11 erreichen Sie den kleinen **Jez. Dlugie**. An dessen Ende liegen bei...

km 12 einige Gehöfte von **Szafranki**. Hinter der Brücke liegt links ein ⛺

km 15 **Matlak.** Hier wurden die ältesten archäologischen Funde von 7000 v.Chr. in der Region Suwalki gemacht. kurz vor der Brücke liegt links ein ⛺. Dahinter mündet die Rospuda in den tiefen...

km 15,5 **Jez. Garbas.** ⛺ gegenüber des Einflusses an der anderen Uferseite. Ein weiterer ⛺ in nord-westlicher Richtung fast am Ende des Sees. Den Auslaß des Sees liegt in süd-östlicher Richtung an einer...

km 16 Brücke, dahinter sind Hindernisse im Wasser. Bei...

km 16,2 beginnt der kleine **Jez. Glebokie** an dessen rechter Seite ein ⛺ liegt. Nach dem Auslaß schlängelt sich die Rospuda durch Wiesen. Bei...

km 20 müssen Sie an einer **Mühle** aus der Jahrhundertwende 50 m links π umtragen. Danach kommen Sie an der Straßenbrücke nach **Bakalarzewo** mit 🛏 🍴 🛒 ⛺. Nach dem Ort beginnt bei...

km 20,1 der **Jez. Sumowo**. Mehrere ⛺ befinden sich am unteren Teil des Sees. Bei...

km 25 erreichen Sie die Brücke nach **Kotowina** und bei...

km 27 den **Jez. Okragle**, an dem auf der linken und rechten Seite zwei ⛺ liegen. Bei...

km 29 kommen Sie zum 6 km langen, aber nur ca. 100 m breiten **Jez. Bolesty**. ⛺ unmittelbar nach dem Einlaß an der linken Seite. Im Verlauf des Sees weitere ⛺ an beiden Uferseiten.

km 35 Am Ende des Sees liegt das Dorf **Male Raczki**, 🛒. Nach einer Brücke müssen Sie bei...

km 36,5 an einer ehemaligen **Mühle** 100 m an der linken Seite π umtragen, ⛺ Bei...

km 38,5 unterqueren Sie eine Eisenbahnbrücke und bei...

km 39,2 erreichen Sie die Straßenbrücke in **Raczki** 🍴, 🛒
Der Ort ist erst im 16. Jahrhundert entstanden, aber sein Grundriß hat sich bis heute erhalten. Zu dieser Zeit lag er an einer wichtigen Handelsstraße und erhielt durch Jan III. Sobieski Handelsprivilegien. Durch einen Beschluß von August III. galten seit 1703 die Stadtrechte. Im Zentrum steht die klassizistische Kirche, die von einem Mitglied der Künstlerfamilie Aigner, die auch an dem Bau der Kirche in Suwalki

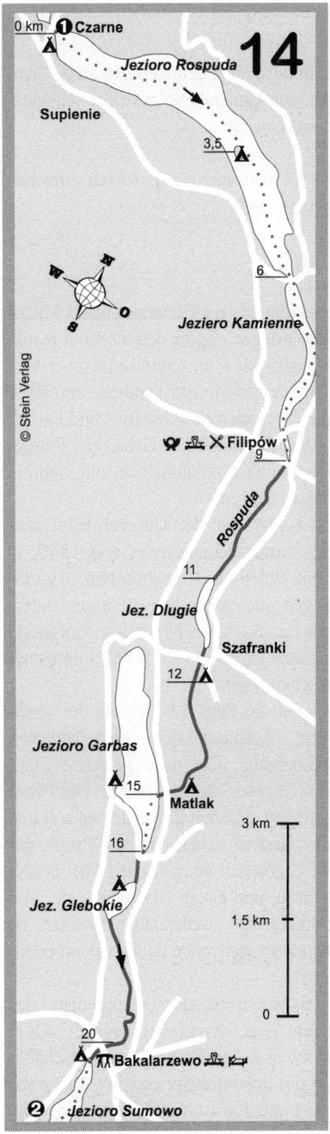
14
0 km
1 Czarne
Jezioro Rospuda
Supienie
3,5
6
Jeziero Kamienne
© Stein Verlag
Filipów
9
Rospuda
11
Jez. Dlugie
Szafranki
12
Jezioro Garbas
15
Matlak
3 km
16
Jez. Glebokie
1,5 km
0
20
Bakalarzewo
2 Jezioro Sumowo

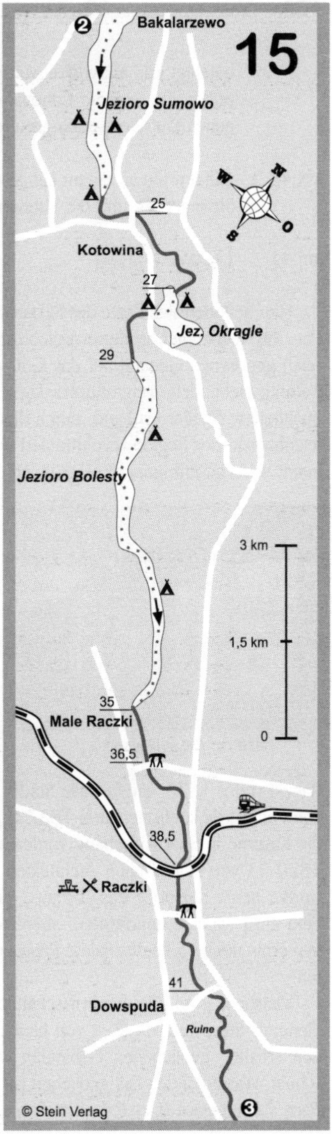
2 Bakalarzewo
15
Jezioro Sumowo
25
Kotowina
27
Jez. Okragle
29
Jezioro Bolesty
3 km
1,5 km
35
Male Raczki
0
36,5
38,5
Raczki
41
Dowspuda
Ruine
© Stein Verlag
3

beteiligt war, entworfen wurde. In der Kirche befinden sich zwei Flachreliefs von Antonio Canova, die vom General Pac aus dem nahegelegenen Gut Dowspuda gestiftet wurden. Bei...

km 40,9 müssen Sie an einem Hindernis ⩫ umtragen, kurz danach erreichen Sie einen ⛺ und die Straßenbrücke nach...

km 41 Dowspuda

Hier befinden sich Reste des Palastes des umtriebigen Generals Ludwik Michal Pac. Als Teilnehmer an den napoleonischen Kriegen zog es den 1780 in Frankreich geborenen General auf das Gut, das seit 1815 im unter zaristischer Verwaltung stehenden Kongreßpolen lag. Er modernisierte das Landgut, und holte qualifizierte Siedler ins Land, durch die die Methoden des Gemüse- und Kartoffelanbaus in der Region revolutioniert wurden. Auch auf dem Gebiet der Pferdezucht war Pac erfolgreich, er gründete eine Landwirtschaftsschule und mehrere Manufakturen.

Palast des Pac in Dowspuda

Leider war der General Teilnehmer des Novemberaufstandes von 1830, in dem Polen die französischen Truppen gegen die russischen Besatzer unterstützte. Nach der Niederlage emigrierte er nach Paris, und starb 1835 im osmanischen Izmir.

Für die Region bedeutete der verlorene Aufstand den wirtschaftlichen Niedergang. Die nahe gelegene Stadt Raczki verlor 1870, wie fast alle Städte der Gegend, die Stadtrechte. Der Palast von Pac wurde konfisziert und 1887 abgetragen. Mit den Ziegelsteinen soll u.a. die Kaserne in Suwalki gebaut worden sein. Und so stehen von dem Palast, der 1820-23 von italienischen Architekten im englischen neugotischen Stiel erbaut wurde, heute nur noch das Torhaus, ein Turm, und einige Nebengebäude. Von dem einst wirklich imposanten, aber architektonisch zweifelhaften Anwesen, ist immerhin noch 15 ha des Palast-Parkes mit einem wertvollen Baumbestand erhalten.

Vielleicht sind die landwirtschaftlichen Modernisierungsbestrebungen des Generals auch über die Zeit von bleibendem Wert, denn heute befindet sich in den erhalten gebliebenen Gebäuden wieder eine bedeutende Landwirtschaftsschule. Was auf jeden Fall geblieben ist, ist das polnische Sprichwort: *Wart palac Paca a Pac palaca (Der Palast ist Paces wert und Pac ist des Palastes wert - der eine ist so gut* [oder nicht besser] *wie der andere) = Wie der Herr, so's G'scherr.*

km 44 Brücke bei dem Gehöft **Chodorki**, wenig später sehen Sie bei...

km 46 die ersten Häuser von **Jaski**, ⛺ Bei...

km 49,5 erreichen Sie einen Steg mit einem ⛺ an der linken Seite. Links des Steges liegt der **Jez. Jalowo**, der durch die Jalowka mit der Rospuda verbunden ist. Bei Hochwasser der Rospuda steigt auch das Wasser im See und der normalerweise 1 km lange See kann sich über 100 m verlängern.

Am rechten Ufer des Sees liegt die geheimnisumwitterte Stätte **Swiete Miejsce** an der schon seit Urzeiten kultische Handlungen vorgenommen wurden. Noch heute wird hier am 24. Juni die "Noc swietojanska", die Nacht des Heiligen Jan (Johannes) gefeiert.
An der Stätte befindet sich eine Holzkapelle und mehrere hölzerne und steinerne Kreuze, die an ein Massaker des Deutschen Ordens erinnert, die die

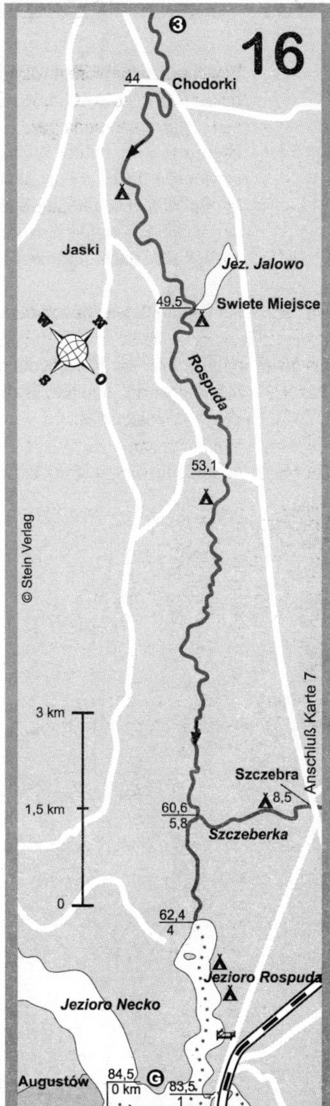

Bewohner des nächsten Dorfes erst tauften und dann hinrichteten. Bei...

km 53,1 überquert eine weitere Brücke den Fluß. Dies ist eine weitere sagenumwobene Stelle, an der sich ab dem 15. Jahrhundert eine **Mlynisko** (große Mühle) befand, die später im Besitz der Familie Pac war. Hinter der Mühle fahren Sie in ein etwa 10 km langes Sumpfgebiet ein. Die einzige Übernachtungsmöglichkeit ist bei...

km 54,5 am Beginn des Sumpfes ⛺ auf der rechten Seite. Bei...

km 60,6 mündet links die **Szczeberka** und damit die **Blizna** in die Rospuda. Von hier können sie zum **Jez. Blizno** und mit einem Landtransport zum Jez. Wigry gelangen. Bei...

km 62,4 mündet die Rospuda in den **Jez. Rospuda** bei **Augustów**.

14: Weitere Nebenflüsse der Biebrza

Zwei weitere Nebenflüsse der Biebrza werden ebenso als "Anfahrtsweg" in den BPN genutzt. Beide entspringen in der Seenplatte von Elk (Lyck). Man findet an den Paddelstrecken ausreichend Biwakstellen und Einkaufsmöglichkeiten (außerhalb des Nationalparks). Um den Rahmen dieses Führers nicht zu sprengen, erwähnen wir sie nur kurz, die unteren Verläufe der Flüsse sind unter ☞ Die Elk und Jegrznia beschrieben.

🕮 Die Oberläufe der Flüsse finden Sie auf der Karte Pojezierze Elckie, Mapa turyststyczna. 1:70.000. Die Unterläufe auf der Karte Suwalszczyzna, Mapa turystyczna. 1:100.000 (☞ Reise-Infos von A bis Z, Literatur und Karten).

Die Elk und der Kanal Rudzki

Paddelbar ist der Fluß ab dem **Jez. Litygajno**. Der Fluß führt längere Zeit durch waldiges Gelände, aber auch über große Seen. Er umrundet die **Stadt Elk** (Lyck) und fließt an **Grajewo** vorbei bis zum **Forsthaus Modzelówka**. Hier wird an einem Wehr der Hauptstrom der Elk in den **Kanal Rudzki** umgeleitet. Der Kanal mündet hinter Osowiec in die Biebrza und ist auch eine reizvolle Paddelstrecke.

Der Biwakplatz des BPN in Osowiecz-Twierdza

Impressionen

Der Morgennebel im weiten Tal der Biebrza bringt - vor allem in der Vor- und Nachsaison, aber auch im Hochsommer - unangenehme Kühle mit sich.

Oft ziehen einzelne Kühe oder ganze Herden auf dem Weg zu ihren Weideplätzen selbständig umher und durchwaten den Fluß.

Die Biebrza ist ein flacher und windungsreicher Sumpf- und Wiesenfluß mit teilweise langen Schilfgürteln und vielen Wasserpflanzen, so daß das Flußbett teilweise stark verkrautet ist.

Wo die Wiesen nicht mehr gemäht werden verbuscht das Gelände allmählich. Zuerst siedeln hier Lapplandweiden und Birken, an den Rändern des Beckens läuft die Sukzession weiter zum Kiefernbruchwald.

Wenn Sie der windungsreichen, mit hohem Schilf gesäumten Elk in den Nationalpark folgen wollen, müssen Sie deren Flußbett, daß ab dem Wehr versiegt ist, hinter dem Forsthaus suchen. Es ist nicht einfach, den weiteren Weg zu finden, und man muß ein ganzes Stück umtragen. Ab hier gilt die Streckenbeschreibung im Text zur Biebrza. Gesamte Länge der Strecke, bis zur Mündung in die Biebrza: ca. 120 km.

Die Lega und Jegrznia

Die Lega wird ab dem **Jez. Oleckie** bei der Stadt **Olecko** gepaddelt. Die Strecke verläuft ein längeres Stück durch eine Wiesenlandschaft bis die Lega in den großen **Jez. Selmet Wielkie** mündet.

Weiter geht es auf einer Seenkette nach **Rajgjród** zum **Jez. Drestwo**. Ab Rajgjród wird die Lega als **Jegrznia** bezeichnet. Nach dem See fahren Sie ein Stück durch das Dorf **Woznawies**. Ab der Straßenbrücke nach **Kuligi** beginnt der Nationalpark. Nach ca. 10 km mündet die Jegrznia in die **Elk**. Länge der Strecke bis zur Mündung in die Elk: 90 km.

Fremdsprech

Ausspracheregeln

Ą, ą	nasales on wie in Balkon
ck	tzk
Ę, ę	nasales en wie in Engagement
Ł, ł	weiches w oder u
ń	nj
Ó, ó	kurzes u
rz	stimmhaftes sch
ś	sehr weiches sch
Sz, sz	sch
Szcz, szcz	schtsch
Ż, ż, Ź, ź	sch wie in dem französischen Wort Gendarm
Z, z	stimmhaftes s

Die Wortbetonung liegt immer auf der vorletzten Silbe. Es wird das Vorderzungen-R gesprochen, d.h. Bayern haben kein Ausspracheproblem. Wichtig: Alle Vokale werden kurz gesprochen.

Redewendungen und Fragen

Deutsch	Aussprache	Polnisch
Frau (Anrede)	pani	pani
Mann (Anrede)	pan	pan
ja	tack	tak
nein	njä	nie
bitte	proschä	prosz
danke	dschinkuhjä	dziekuję
vielen Dank	dschinkuhjä bardßo	dzięnkuję bardzo
gut, o.k.	dobre, dobschä	dobry, dobrze
entschuldigung	pscheprascham	przepraszam
ich heiße...	naßewamm schä...	nazywam się...
ich bin ...	jästäm...	jestem...
...Deutscher	njämtsäm	niemcem
...Schweizer	schweitsahräm	szwajcarem
...Österreicher	austrijakjem	austriakiem
ich verstehe nicht	njä roßumjem	nie rozumiem
schreiben Sie es bitte auf	proschä mi to napisatsch	proszę mi to napisac
wo ist...	gdschä jäst...	gdzie jest...
nach links	na läwo	na lewo

nach rechts	na prawo	na prawo
geradeaus	prosto	prosto
guten Tag	dschindobre	dzień dobry
guten Abend	dobre wiätschur	dobry wieczór
gute Nacht	dobranotz	dobranoc
auf Wiedersehen	do widßennja	do widzenia

Reisen und Auto

wo ist der Bahnhof?	gdsche jäst dwoschets	gdzie jest dworzec?
was kostet eine	ihle koschtuje	ile kosztuje
Fahrkarte nach...	bilett do...	bilet do...
wie weit ist es nach...	jak daleko jäst do...	jak daleko jest do...
Benzin	benßina	benzyna
Panne	awaria	awaria
Parkplatz	parking	parking
Stadt	miasto	miasto
Stadtplan	plan miasta	plan miasta
Tankstelle	statsja benßenowa	stacja benzynowa
Straße	droga	droga
Werkstatt	statsja obswugi	stacja obsługi

Übernachtung

haben Sie ein	tsche ma pan/pani	czy ma pan/pani
Zimmer frei?	wollny pokui?	wolny pokój?
Einzelzimmer	jednoosobowe	jednoosobowy
Doppelzimmer	dwuosobowy	dwuosobowy
...mit Bad	z uaschenka	...z łazienką
...mit Frühstück	sä schnadanjäm	...ze śniadaniem
was kostet ein Zimmer?	ihle koschtuje pokui?	ile kosztuje pokój?

Camping

dürfen wir hier zelten?	tsche moschme tu	czy możemy tu
	roßbitsch namjot?	rozbic namiot?
was kostet die Über-	ihle koschtuje	ile kosztuje doba
nachtung mit Zelt?	doba ß namjotem?	z namiotem?
kann man ein	tsche moschna	czy mozna
Ferienhaus mieten?	winajonsch domek	wynając domek
	kämpingowe?	kempingowy?
Biwakplatz	pole biwakowe	pole biwakowe
Zeltplatz	pole namiotowe	Pole namiotowe

Im Kanu unterwegs

Anlegestelle	pschestan	przystań
Landtransport	transport kajaka droga londowa	transport kajaka droga lądowa
Paddel (Doppel-)	wioswo kajakowe	wiosło kajakowe
Paddel (Stech-)	wioswo kanadejki	wios ło kanadyjki
Paddelboot	kajak	kajak
Rettungsring	kouo ratunkowe	koło ratunkowe
Schwimmweste	kamißelka ratunkowa	kamizelka ratunkowa
Segelboot	wudsch schaglowa	łódz żaglowa
Seil	lina	lina
Transport	transport	transport
umtragen	pschenoschenie	przenoszenie kajaka
Wasserwanderstation	stanitsa woda	stanica woda

Ess- und Trinkbares

Redewendungen		
bitte die Speisekarte	moge proschitsch jadwospis	mogę prosic jadłospis
bitte die Rechnung	prosche o rachuneck	proszę o rachunek
guten Appetit	smatschnego	smacznego
zum Wohl	na ßdrowjä	na zdrowie
Gerichte		
Braten	pjätschen	pieczeń
Eisbein	golonka	golonka
Frühstück	schnadanjä	śniadanie
Grillhähnchen	kurtschak z roschna	kurczak z rożna
Hacksteak	befsteck	befsztyk
Gemüse-Suppe (kalt)	chwodnik	chłodnik
Kohlrouladen	gowempek	gołąbek
Kutteln (Rindsmagen)	flahki	flaki
Leber	wontrupka	wątróbka
Pommes Frittes	fritki	frytki
Rindfleisch mit Grütze	ßraße	zrazy
Rippchen	scheberka	żeberka
Rote-Beete-Suppe	barschtsch	barszcz
Sauerkraut mit Fleisch	bigosch	bigos myslinski
Sauerteigsuppe	jurek	żurek
Suppe	ßupa	zupa

Tartar	befsteck tartarski	befsztyk tartarski
Teigtaschen, gefüllt	pierogi	pierogi
weiße Bohnen	fasola	fasola
Obst & Gemüse		
Äpfel	japka	jabłka
Apfelsinen	pomaransche	pomarańcze
Bananen	banane	banany
Birnen	gruschkie	gruszki
Blumenkohl	kalafjor	kalafior
Bohnen	fasolla	fasola
Gurken	ogurkie	ogórki
Kartoffeln	schämnjaki, kartofel	ziemniaki, kartofel
Kirschen	wischnje	wiśnie
Möhren	marchewka	marchewka
Paprika	paprika	papryka
Pilze	gschebe	grzeby
Tomaten	pommidore	pomidory
Zitronen	zitrine	cytryny
Zwiebeln	zebula	cebula
Fleisch		
Hackfleisch	mjeso mjelone	mięso mielone
Hammelfleisch	baranina	baranina
Kalbfleisch	tschelentschina	cielęcina
Rindfleisch	wouowiena	wołowina
Schweinefleisch	wiäpschowina	wieprzowina
Schweineschnitzel	schab	schab
Geflügel	drub	drób
Fisch		
Aal	wengosch	węgorz
Äsche	lipienj	lipień
Barsch	okonj	okoń
Blei	leschtsch	leszcz
Döbel	klenj	kleń
Forelle	pschtronk	pstrąg
Hecht	schtschuppak	szczupak
Karpfen	karp	karp
Lachs	uososch	łosos

Plötze	puotsch	płoc
Quappe	mientus	miętus
Schleie	lin	lin
Wels	sum	sum
Zander	sandatsch	sandacz
Getränke		
Bier	piwo	piwo
Kaffee	kawa	kawa
Dosenmilch	mlecko w puschze	mleko w puszce
Milch	mlecko	mleko
Mineralwasser	woda mineralna	woda mineralna
Tee	herbatta	herbata
Wein	wino	wino
Wodka	wudka	wódka

In stillen Gewässern kann man die possierlichen Otter beobachten

Verschiedenes		
Brot	chlep	chleb
Brötchen	buhka	bułka
Butter	maswo	masło
Eier	jeika	jajka
Eis	lodde	lody
Käse	sär	ser
Kaffeesahne	schmietanka	smietanka
Nudeln	mackaron	makaron
Pfeffer	pjepsch	pieprz
Quark	twaroschek	twarożek
Reis	resch	ryż
Saft	sock	sok
Salz	sull	sól
Schinken	schinka	szynka
Senf	muschtarda	musztarda
Zucker	zuckjär	cukier
Wurstwaren	wendlini	wedliny
Wurst	kieuobasa	kiełbasa

Sonstige Einkäufe

Zigaretten	papjäroße	papierosy
Taschentücher	chustka do nosa	chustka do nosa
Toilettenpapier	papiär toalettowe	papier toaletowy
Spiritus	denatural	denatural
Streichhölzer	zapauki	zapałki
Film, Farb-	film kolorowe	film kolorowy
Film, Schwarzweiß	film tscharnobiaue	film czarno-biały
Batterie	batteria	bateria
Autobatterie	akumulator	akumulator
Petroleum	nafta	nafta
Feuerzeug	ßapalnitschka	zapalniczka

Angelzeug

Angel	wendka	wędka
Angelhaken	hatschek	haczyk
Schnur	schnureck	sznurek
Blei	owuw	ołow
Pose	spuoawik	spławik
Würmer	robaki	robaki

Maden	czerwi	czerwy
Mais	kukurydsa	kukurydza
Kunstköder	buoyschtschka	błyszczka

Geldwechseln

wie ist der Kurs?	jacki jest kurs?	Jaki jest kurs?
Bank	bank	bank
Post	potschta	poczta
Wechselstube	kantor	kantor

Post und Telefon

ich möchte	chtschaubim	Chciałbym
telefonieren	ßatelefonowatsch	zatelefonowac
Brief	list	list
Briefmarken	ßnatschki	znaczki
Postkarte	kartka potschtowa	kartka pocztowa
Paket	patschka	paczka
Telefonkarte	karta telefonitschna	karta telefoniczna

Notfälle

Diebstahl	kradzież
Erste Hilfe/Notartzt	pogotowie ratunkowe
Feuer	ogień
Vorsicht	uwega
Gefahr	grozba
Hilfe!	ratunku
Notfall	potrzeba
Polizei	policja
Unfall	wypadek

Kartenlesen

mapa	Landkarte
plan miasta	Stadtplan
bagna	Sumpf
cementarz	Friedhof
droga	Weg, Chaussee
drzewo zabytkowe	Baumdenkmal
gospody	Gaststätte

granice	Grenze
groble	Deich, Damm
grodziske	ur- und frühgeschichtl. Anlage
jezioro (jez)	See
kamienie	Steine
kaplice	Kapelle
kierunek prądu	Fließrichtung
kóściół	Kirche
krawędźie	Abbruch, Steilwand
łąka	Wiese
las	Wald
miejsca wodowania	Ein- und Aussetzstelle
most	Brücke
odcinka	Bereich, Strecke
osrodek wypoczynkowe	Erholungszentrum
park zabytkowe	geschützte Parkanlagen
pole biwakowe	Biwakplatz
pole namiotowe	Zeltplatz
poligon	Truppenübungsplatz
półwysep (plw)	Halbinsel
przeszkoda	Hindernis
przystań	Anlegestelle
rezerwat przyroda	Naturreservat
rzeka (rz)	Fluß
schroniska młodżiezowe	Jugendherberge
śluza	Schleuse
stacja benzinowa	Tankstelle
stanica wodna	Wasserwanderstation
strona	Seite
szlak turystyczny	Wanderweg
ulica (ul)	Straße
pomnik	Denkmäler
wieś, wsie	Dorf, Dörfer
wypożyczalnia sprzętu sportowych	Wassersportgeräteverleih
wyspa	Insel
zabytek architektoniczny	Baudenkmal
zamknietego	Sperrung
zapory	Wehr, Staumauer
zarósla wodne	Wasserpflanzen
zatoka	Bucht

Geschäfte und öffentliche Gebäude

artykuły spożywcze	Lebensmittelgeschäft
bar przeka ąskowy	einfaches Restaurant
cukiernia	Konditorei
dentysta	Zahnarzt
dom handlowy	Kaufhaus
dworzec autobusowy PKP	Busbahnhof
gabinet lekarski	Arztpraxis
hurtownia	Großhandel
kantor	Wechselstube
kawiarnia	Café
kosmetyki	Drogerie
księgarnia	Buchhandlung
mięso-wędliny	Fleischerei/Wurstwaren
Orbis	Staatliches polnisches Reisebüro
pamiątki	Andenkenladen
piekarnia	Bäckerei
PKP	Staatliche Eisenbahngesellschaft
PKS	Staatliche Busgesellschaft
poczta	Post
restauracja	Restaurant
rożen	Imbiß/Grill
sklep	Geschäft
(sklep) monopolowy	Alkoholgeschäft
(sklep) nocny	Nachtgeschäft
(sklep) ryba	Fisch
(sklep) rzeżniczy	Fleischerei
(sklep) sportowy	Sportgeschäft
(sklep) spożywcze	Lebensmittelgeschäft
(sklep) wędkarskie	Angelgeschäft
schronisko młodzieżowe	Jugendherberge
stacja benzynowa	Tankstelle
stacja obslugi	Auto-Reparaturwerkstatt
szkoła	Schule
toalety *oder* Ubikacja	Toiletten
dla pań, Damski (Kreissymbol O)	Damen-WC
dla panów, Męski (Dreieckssymbol △)	Herren-WC
warzywa & Owoce	Obst & Gemüse
weterynarz	Tierarzt
zakład fryzjerski	Friseur

Schilder und Hinweistafeln

bodowa	Baustelle
brak wolnych miejsc	Alles besetzt
camping wzbroniony	Zelten verboten
grozi smiercia	Lebensgefahr
kapiel wzbroniona	Baden verboten
koniec	Ende
nie dotykac	nicht berühren
objazd	Umleitung
oplata	Gebühr
otwarty	geöffnet
paleni wzbronione	Nichtraucher
przejscie wzbronione	Durchgang verboten
roboty drogowe	Straßenbauarbeiten
teren prywatny	Privatgelände
uwaga stopien	Vorsicht Stufe
uwaga	Achtung, Vorsicht
wejscia nie ma	kein Eingang
wyjscie	Ausgang
wjazd	Einfahrt
wyjazd	Ausfahrt
woda do picia	Trinkwasser
woda nie do picia	kein Trinkwasser
wypozyczalnia	Verleih
zamkniety	geschlossen
zapraszamy	bitte eintreten

Zeit

Stunde	godschinna	godzina
Tag, Tage	dschin, dni	dzien, dni
Woche, Wochen	tedschin, tegodnje	tydzien, tygodnie
eine Woche lang	na tedschin	na tydzien

Index

Index

Därr
Alles für Erlebnisreisen
im KOSTENLOSEN KATALOG
zeigen wir, was wir haben:
Bücher und Karten, Satellitennavigation, KFZ Ausrüstung, Sandbleche,
Moskitoschutz, Wasserentkeimung, Rucksäcke, Schlafsäcke, Kleidung,
Trockennahrung, Schuhe, Kocher, Geschirr, Filter,
Russische Generalstabskarten von Äthiopien.
Über 20 Jahre Erfahrung als der älteste Trekking-Shop Deutschlands.
DÄRR Expeditionsservice
Theresienstrasse 66
80333 München
Tel 089 28 20 32
Fax 089 28 25 25
www.daerr.de
Hier zeigen wir, was wir nicht haben

Alle Bücher aus dem Conrad Stein Verlag

OutdoorHandbücher Basiswissen für Draussen

Band		DM
1	Rafting	12,80
2	Mountainbiking	12,80
3	Knoten	12,80
4	Karte Kompaß GPS	14,80
5	Eßbare Wildpflanzen	12,80
6	Skiwandern	12,80
7	Wildniswandern	12,80
8	Kochen	12,80
9	Bergwandern	12,80
10	Solo im Kanu	12,80
11	Kanuwandern	14,80
12	Fotografieren	12,80
13	Wetter	12,80
14	Allein im Wald - Survival für Kinder	12,80
15	Wandern mit Kind zu Fuß · per Rad · mit Kanu	12,80
16	Sex- Vorbereitung Technik Varianten	12,80
20	Wüsten-Survival	14,80
21	Angeln	14,80
22	Leben in der Wildnis	14,80
24	Ratgeber rund ums Wohnmobil	14,80
25	Wale beobachten	14,80
30	Spuren & Fährten	14,80
31	Canyoning	14,80
34	Radwandern	14,80
35	Mushing - Hundeschlittenfahren	14,80
36	Gesund unterwegs	12,80
39	Erste Hilfe	14,80
45	Solotrekking	12,80
48	Für Frauen	12,80
58	Fahrtensegeln	14,80
65	Seekajak Ausrüstung Technik Navigation	12,80
68	Minimal Impact Outdoor - naturverträglich	12,80
69	Abenteuer Teeniegruppe	12,80
70	Wintertrekking	12,80
72	Schnorcheln und Tauchen	12,80
73	Trekkingreiten	14,80
77	Wohnmobil in USA und Kanada	19,80
86	Regenwaldexpeditionen	14,80
94	Wattwandern	14,80

OutdoorHandbücher Der Weg ist das Ziel

Band		DM
17	Schweden: Sarek	24,80
18	Schweden: Kungsleden	22,00
19	Kanada: Yukon	22,00
23	Spanien: Jakobsweg	24,80
26	West Highland Way (Schottland)	22,00
27	John Muir Trail (USA)	22,00
28	Landmannalaugar (Island)	22,00
29	West Coast Trail (Kanada)	22,00
32	Radtouren in Masuren (Polen)	24,80
33	Trans-Alatau (GUS)	22,00
37	Kanada: Bowron Lakes	22,00
38	Polen: Kanutouren in Masuren	24,80
40	Trans-Korsika - GR 20	24,80
41	Norwegen: Hardangervidda	24,80
42	Nepal: Annapurna	22,00
43	Schottland: Whisky Trail - Speyside Way	14,80
44	Tansania: Kilimanjaro	24,80
49	USA: Grand Canyon Trails	22,00
50	Kanada: Banff & Yoho Nationalpark-Tageswanderungen	22,00
51	Tasmanien: Overland Track	22,00
52	Neuseeland: Fiordland	22,00
53	Irland: Shannon-Erne	22,00
54	Südafrika: Drakensberge	22,00
55	Spanien: Pyrenäenweg GR 11	22,00
56	Polen: Drawa	19,80
57	Kanada: Great Divide Trails	22,00
59	Kanada: Wood Buffalo NP	19,80
60	Kanada: Chilkoot Trail	22,00
61	Kanada: Rocky Mountains - Radtouren	22,00
62	Irland: Kerry Way	22,00
63	Schweden: Dalsland-Kanal	24,80

64	England: Pennine Way	24,80
66	Alaska Highway	24,80
71	Spanien: Jakobsweg – Nebenrouten in Nordspanien	24,80
74	Nordirland: Coastal Ulster Way	22,00
76	Pfälzerwald-Vogesen-Weg	22,00
78	Polen: Pisa und Narew (I/2001)	19,80
79	Bolivien: Choro Trail	22,00
80	Peru: Inka Trail u. Region Cusco	22,00
81	Chile: Torres del Paine Cirquito	24,80
82	Norwegen: Jotunheimen	24,80
83	Neuseeland: Stewart Island	19,80
84	USA: Route 66	22,00
85	Finnland: Bärenrunde	19,80
87	Frankreich: Montblanc-Rundweg	19,80
88	Trans-Kreta	19,80
89	Schweden: Skåneleden	19,80
90	Mallorca: Serra de Tramuntana	19,80
91	Italien: Trans-Apennin	19,80
92	England: Themse	19,80
93	Spanien: Sierra Nevada	24,80
95	Norwegen: Nordkap Route	24,80
96	Polen: Czarna Hancza/Biebrza	19,80

OutdoorHandbücher Fernweh-Schmöker

Band		DM
46	Blockhüttentagebuch	24,80
47	Floßfahrt nach Alaska	22,00
75	Auf nach Down Under	14,80

ReiseHandbücher

	DM
Alaska	34,80
Antarktis	49,80
Australien-Handbuch	44,80
El Salvador/Honduras.	34,80
Gotland	24,80
Die Kirchen Gotlands.	24,80
Grönland	26,80
Iran	39,80
Island-Handbuch	34,80
Israel	26,80
Jemen	26,80
Jordanien	24,80
Kanadas Westen	39,80
Kanalinseln	29,80
Kanarische Inseln	29,80
Kiel	19,80
Kiel von oben	49,80
Komoren	24,80
Kurs Nord	49,80
Libanon	24,80
Libyen	34,80
Madeira & Azoren	34,80
Mexikos Süden, Belize & Guatem.	36,80
Namibia & Botswana	29,80
Neuseeland-Handbuch	36,80
Nicaragua	24,80
Ontario mit Montréal & Québec	29,80
Phuket & Ko Samui	29,80
Reisen mit dem Hund	22,00
Rumänien	26,80
Schottland	29,80
Schweiz	36,80
Sibirien	36,80
Slowakei	26,80
Spitzbergen-Handbuch	39,80
Südafrika	29,80
Südschweden mit Öland	29,80
Syrien	36,80
Tansania & Sansibar	36,80
Travel Planet	29,80
Tschechien - Tschech. Rep.	29,80
Überwintern - Langzeiturlaub im Süden	19,80
Uganda	29,80
USA - Nordwesten	34,80
USA - Südwesten	39,80
Vereinigte Arabische Emirate	22,00

Fremdsprech

Band		DM
1	Oh, dieses Dänisch	9,80
2	Oh, dieses Schwedisch	9,80

☺ **Weitere Bände in Vorbereitung.**
Fordern Sie unseren aktuellen Verlagsprospekt an.